日本文芸社

\飾る・使う・贈る/

カミキィの 季節のおりがみ

Kamikey's origami book
Spring, Summer, Autumn, Winter

カミキィ著

Voice

カミキィ作品 私たちも作ってます！

子どもたちのプレゼントに！

sa.ri.ri.ri.ri.origami さん

ク リスマス会のプレゼントをおりがみで作ってと家族から頼まれ（30人分も！）、思い浮かんだのがカミキィさんの「サンタクロース」（写真左）。
かわいいのにとっても簡単で、ラッピングしたらすてきなプレゼントになりました。
みんなから大好評だったと聞いてうれしかったです。
右上の写真は、干支の犬として作った「わんこ」。
1枚のおりがみで頭も体もできるなんてすごいですよね！

レッスンのときにも大活躍！

rainbowmusicmisa さん

ピ アノとリトミックの教室をやっています。
カミキィさんのおりがみは、見た瞬間からおってみたい！と思わせる不思議な力があるような作品ばかりで、新作をいつも楽しみにしています。
実際にレッスンで使うと、子どもたちはみんな喜んでくれて、ときには作りたい！といっしょに作っています。これからもどんどん活用させていただきたいです♪

すてきなアイデアがいっぱい

kazuha7919 さん

お 正月にも「だるま」のかざりが使えるとインスタに書いてあったので、さっそく年末に作りました（写真左上）！　キラキラマステはクリスマスリースのアイデアをいただいたものです。
「ひまわり」動画のアイデアを参考に、大好きなパステルや水玉を組み合わせて作ったカラフルな春のかざり（写真左下）は、好みがバラバラの子どもたちにも好評でした！(*´▽｀*)

子どもといっしょに♡

rana_pan さん

大人にも子どもにも、作りやすくてかわいいカミキィさんのおりがみ。この日も子どもにリクエストされていっしょにおり、壁にたくさんかざりました♪

お気に入りのクローバーリースで

hiroko_daichan さん

カミキィさんの作品はどれもかわいくて、おり方もわかりやすくて大好きです。なかでもクローバーリースのクローバーはお気に入り。リース（写真左）はもちろん、デコレーションパーツ（写真右の青い花）としても使えるのでオススメの作品です！

お人形遊びみたいに楽しんでいます

paruparu_origami さん

カミキィさんの「きものガール」を子どもとおりました！ 顔を描き、マステを貼り、髪型を変えと、お人形遊びの延長で楽しく遊んでます。これからみんなで夏祭りに行くそうです。

ほとんど全部の作品をおっています！

miyabi9880 さん

すてきなすてきなカミキィさんの作品のほとんど全部を1回は作っています。なかでも「ふくろう」は、たっくさん作った「天使ちゃん」「赤ずきんちゃん」と並ぶお気に入りのうちのひとつ。どの作品もかわいらしくて 物語が浮かんでくるようで…、作らずにはいられなくなるのです。これからもすてきな作品を楽しみにしています！
Your origami works always make me smile. Thank you.

おってかざって贈って… おりがみは楽しみ方がいっぱい！

いつも動画やSNSをご覧くださってありがとうございます！ おりがみは「おる」ことはもちろん、おった作品を組み合わせてかざったり、プレゼントに添えたりと、使い方を考えるのも楽しいものですよね。私がネットでご紹介した「おった作品をどうやって使うか」の提案を参考に、みなさんが実際にカミキィ作品を活用してくださっている画像を見ると、とても励みになります。ときにはみなさんの投稿からすてきなヒントをもらうことも！
この本ではネット未公開の新作も含め、季節の行事に合わせたおりがみ作品とその使用例をたくさんご紹介しています。すでにカミキィ作品を知っている方も、本書ではじめましての方も、ぜひおりがみを楽しんでくださいね！

kamikey

もくじ

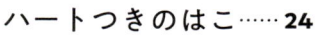

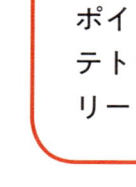

季節のリースをつくろう

この本のおり図記号

＊点線でおる

- - - - - - - -

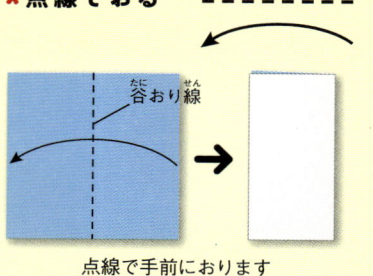

谷おり線

点線で手前におります

＊後ろにおる

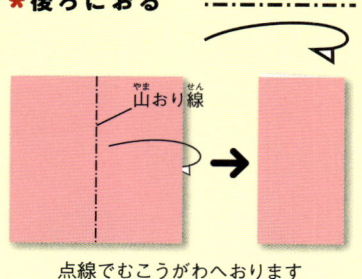

山おり線

点線でむこうがわへおります

＊はさみで切る

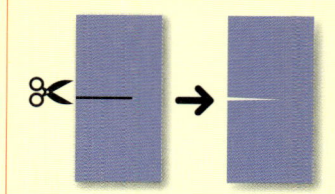

太線をはさみで切ります

＊おりすじをつける

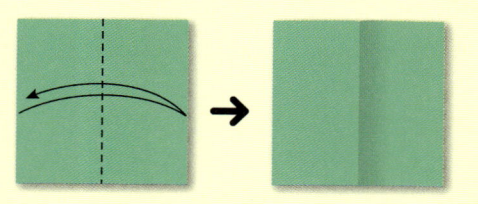

点線でおっておりすじをつ
けてから元にもどします

＊だんおり

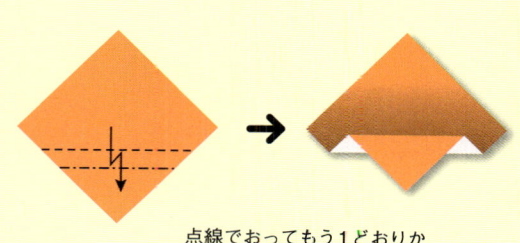

点線でおってもう1どおりか
えします

＊なかわりおり

点線でおっておりす
じをつけてから内が
わにおりこみます

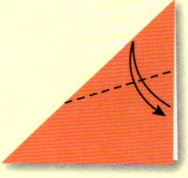 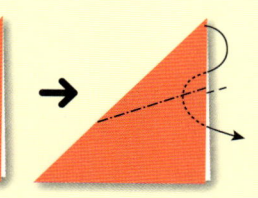 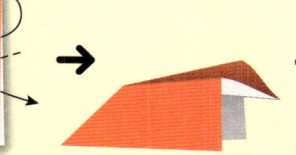 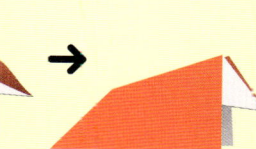

＊うらがえす記号

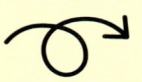

おりがみをうらがえします

＊むきをかえる記号

おりがみのむきをかえます

＊おりかたのポイント

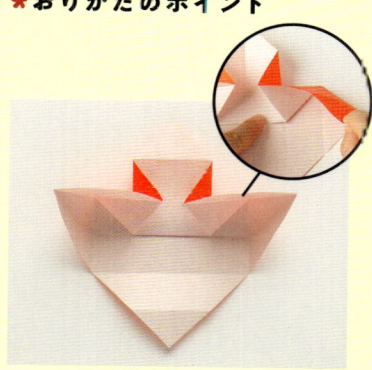

むずかしいところは、ふきだしにおりか
たのポイントのしゃしんをのせています

＊すきまをひらく記号

おりたたんだおりがみの
すきまをひらきます

＊図を大きくする記号

大きく

つぎの図から図が大きく
なります

Basic lesson
基本のおりかた

{ 正方基本形・つるの基本形 }

この本では基本的に
15cm×15cmのふつうサイズの
おりがみをつかっています。

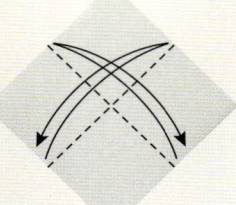

1. ななめに半分におりすじをつける

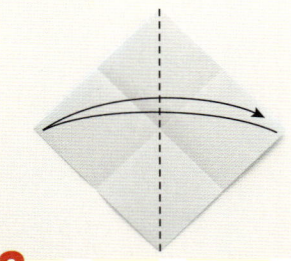

2. 半分におりすじをつける

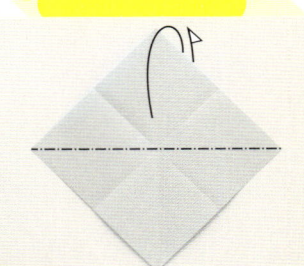

3. 後ろへ半分におっておりすじを
つける

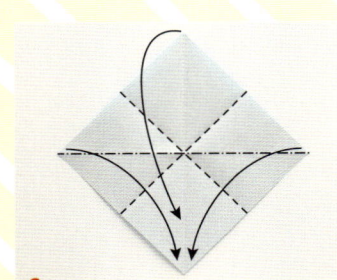

4. おりすじをつかってたたむ

5. たたんでいるところ

大きく

正方基本形

6. 「正方基本形」のできあがり。
まん中に合わせておりすじをつける

7. 点線でおっておりすじをつける

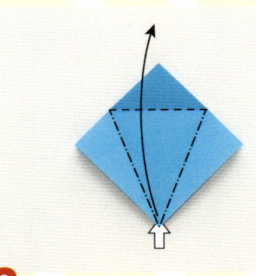

8. ⇧からふくろをひらいてつぶす

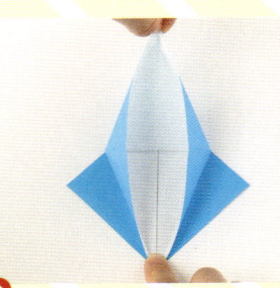

9. ひらいているところ

10. うらがえす

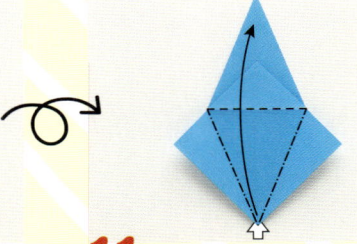

11. 8〜9と同じようにおる

つるの基本形

12. 「つるの基本形」のできあがり

9

{ にそうぶねの基本形 }

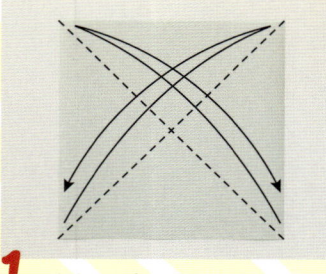

1. ななめに半分におりすじをつける

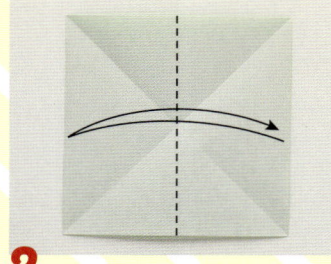

2. 半分におりすじをつける

3. まん中に合わせておる

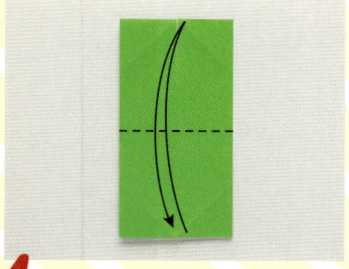

4. 半分におりすじをつける

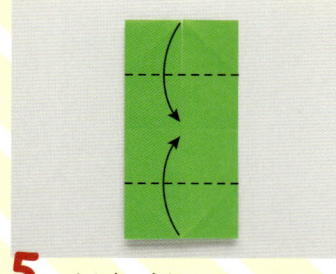

5. まん中に合わせておる

6. 内がわの角を引き出してたたむ

7. 引き出しているところ。
ほかの3かしょも同じ

8. できあがり

おりがみを楽しんでね!

{ たこの基本形 }

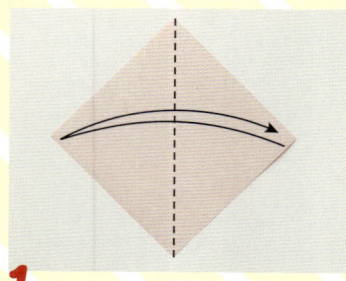

1. 半分におりすじをつける

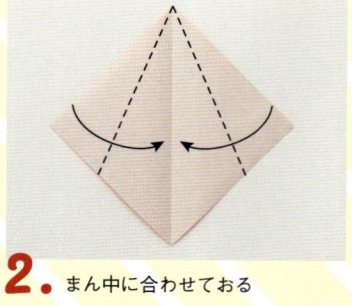

2. まん中に合わせておる

3. できあがり

{ ざぶとんの基本形 }

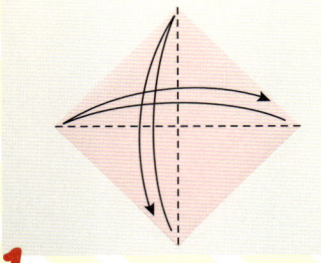

1. たてよこ半分におりすじをつける

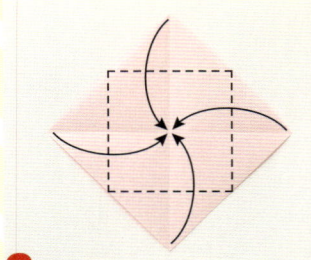

2. かどをまん中に合わせておる

3. できあがり

{ 丸の形 } 「ざぶとんの基本形」からはじめる

1. かどをまん中に合わせておる

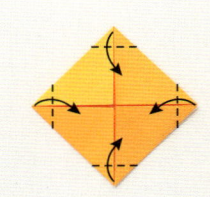

2. 点線でかどをおってうらがえす

3. できあがり

{ 8マス×8マスのおりすじ }

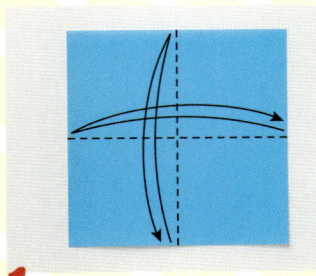

1. たてよこ半分におりすじをつける

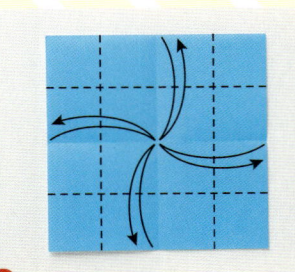

2. まん中に合わせておりすじをつける

3. 2でつけたおりすじに合わせておりすじをつける

4. のこりの3かしょも3と同じようにおりすじをつける

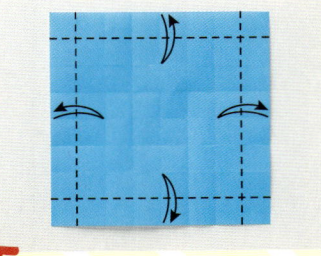

5. おりすじに合わせておりすじをつける

6. できあがり

1月のおりがみかざり

縁起ものの和のモチーフは、お正月に大活躍です。
風合いのある和紙やかわいい千代紙を使うと、シンプルな作品もぐっと印象的に。
好みやセンスを生かして楽しくかざりましょう！

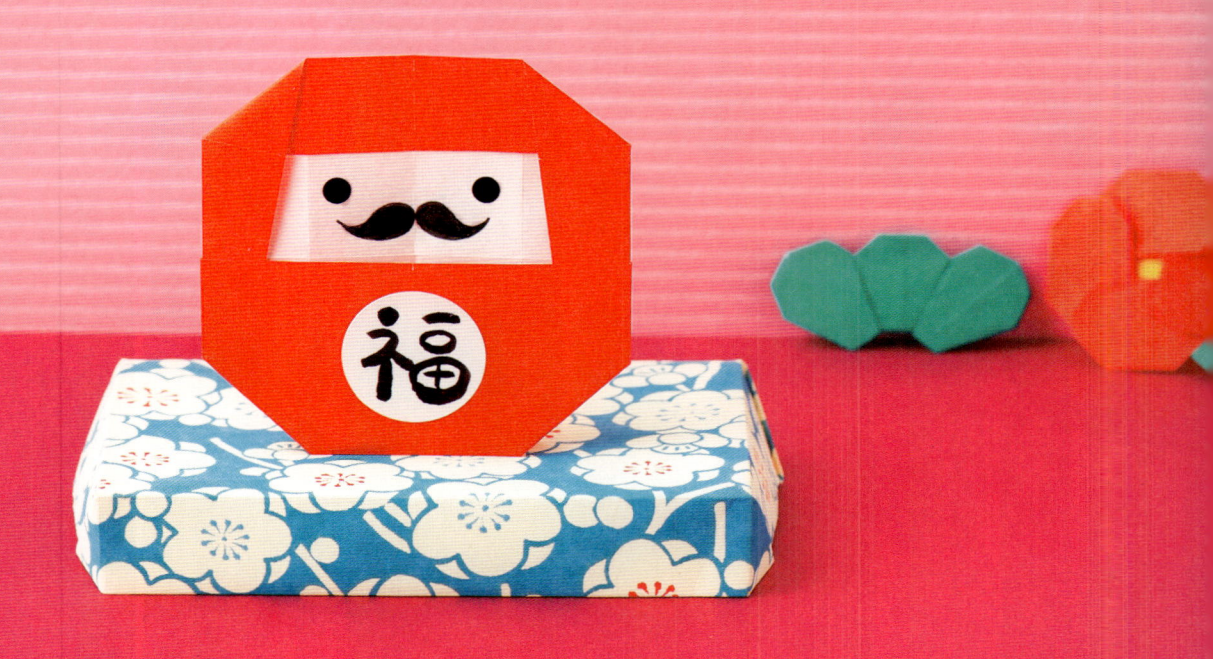

だるまの置きかざり
How to p.16

こ と し も
ど う ぞ
よ ろ し く ね！

お正月のぽちぶくろ
How to p.19

まねきねこの年賀状
How to p.14

まねきねこ

▶p.13

右手で金うんを、左手で人をよびよせるよ

{ 体 } 「ざぶとんの基本形」（11ページ）からはじめる

・紙のひりつ

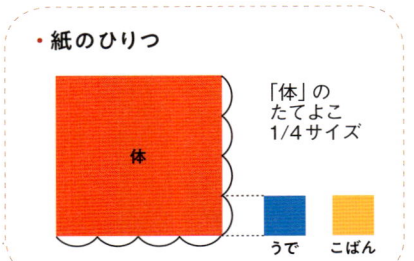

「体」のたてよこ1/4サイズ

うで　こばん

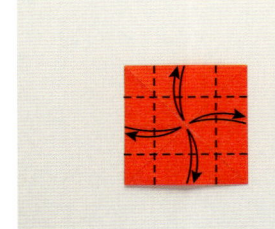

1. まん中に合わせておりすじをつける

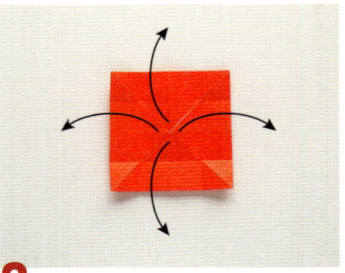

2. ぜんぶひらく

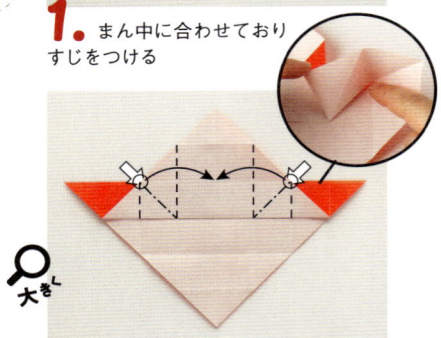 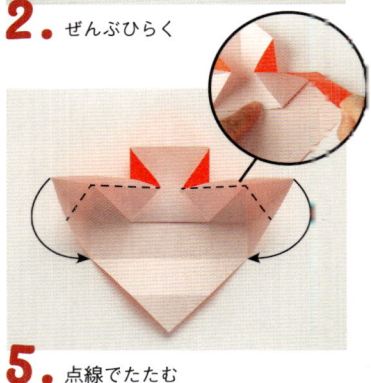

3. 点線でだんおりをする

4. ○をまん中にむけておりながら♡♡をひらく

5. 点線でたたむ

6. 紙のはしに合わせておる

7. 左右にかどをつくりながら後ろへおる

8. うらがえす

9. 点線でおる

10. 点線でおる

11. 点線でおって内がわにさしこむ
（15ページ上へつづく）

12. 点線でおって内がわにさしこむ

13. かどをおってうらがえす

14. 「体」のできあがり。顔をかく

{ うで }　たて半分におりすじをつけてからはじめる

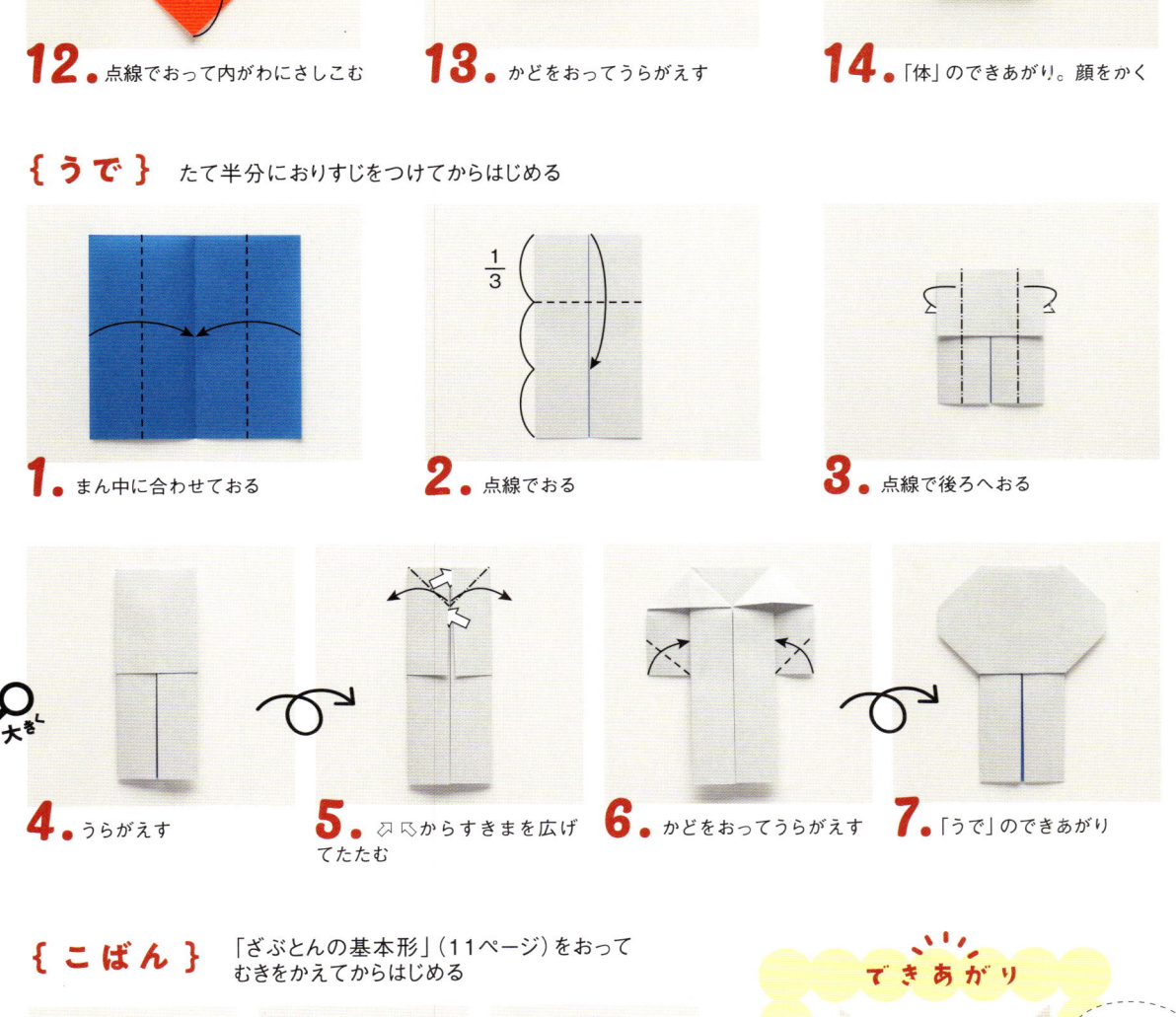

1. まん中に合わせておる

2. 点線でおる

3. 点線で後ろへおる

4. うらがえす

5. からすきまを広げてたたむ

6. かどをおってうらがえす

7. 「うで」のできあがり

{ こばん }　「ざぶとんの基本形」（11ページ）をおってむきをかえてからはじめる

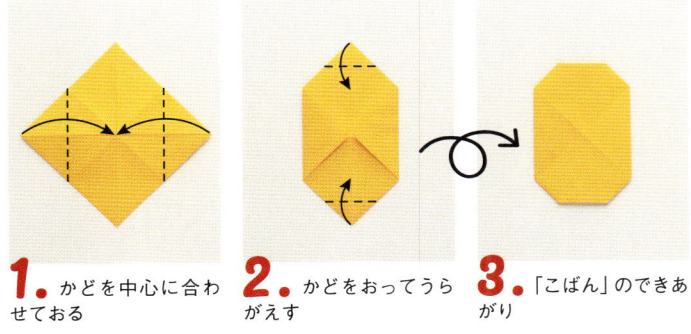

1. かどを中心に合わせておる

2. かどをおってうらがえす

3. 「こばん」のできあがり

できあがり

くびわやすずもつけるともっとカワイイ！

開運

「体」に「うで・こばん」をはる

だるま

▶p.12

カードなどにはることも、立たせてかざることもできます

📦 「8マス×8マスのおりすじ」（11ページ）からはじめる

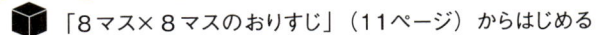

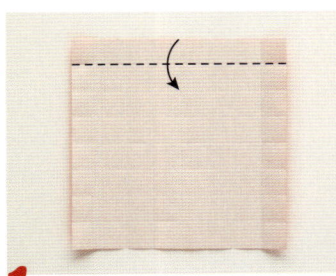

1. 点線でおる

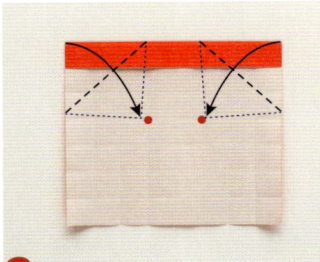

2. かどを赤の点（おりすじのまじわるところ）から少しずらしておる

3. 点線でおる

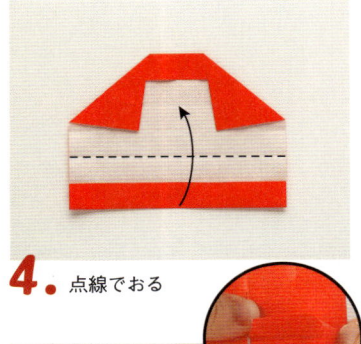

4. 点線でおる

5. うらがえす

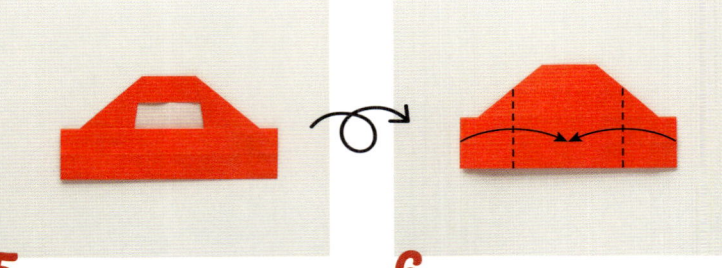

6. まん中に合わせておる

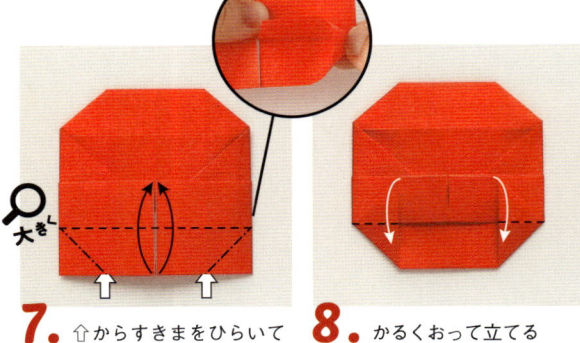

7. ⇧からすきまをひらいてつぶす

8. かるくおって立てる

9. うらがえす

できあがり

顔をかく

📦 へいめんの「だるま」は、**6** までおってからはじめる

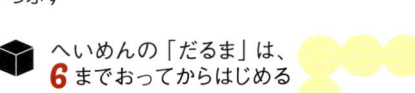

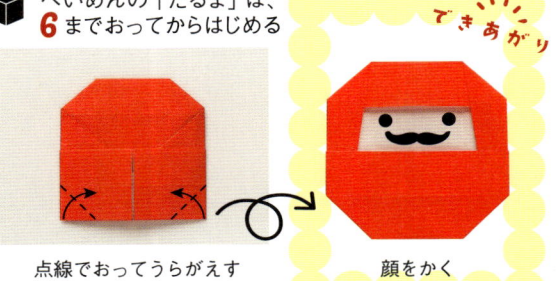

点線でおってうらがえす

できあがり

顔をかく

「だるまの置きかざり」（12ページ）サイズ表

- だるま
　……15cm×15cm
- シンプルなひな台
　……15cm×15cm

シンプルなひな台

▶p.12

▶p.12

だるまさんや
おひなさまを
のせる台にぴったり

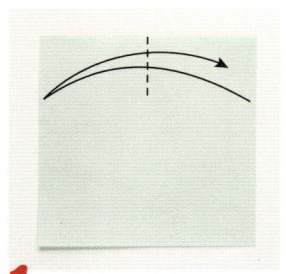

1. 半分においって点線ぶぶん
だけにおりすじをつける

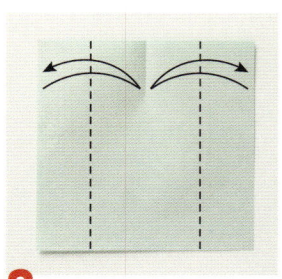

2. まん中に合わせておりす
じをつける

3. おりすじに合わせており
すじをつける

4. かどをおりすじに合わせ
ておる

5. 点線でおっておりすじを
つける

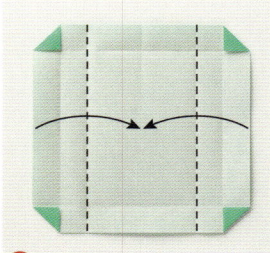

6. まん中に合わせておる

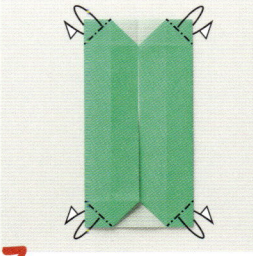

7. かどを後ろにおっており
すじをつける

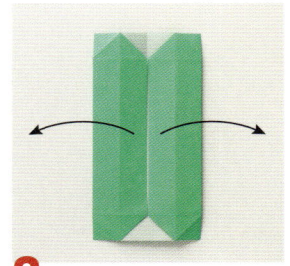

8. 6の形までひらく

9. 点線でおって立体にな
るようにおる

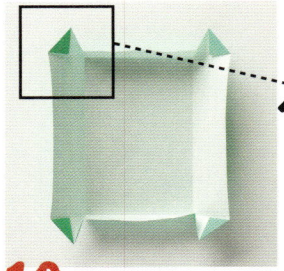

10. 立体にしているとこ
ろ。11〜13は、かく大図

大きく

11. かどをおる

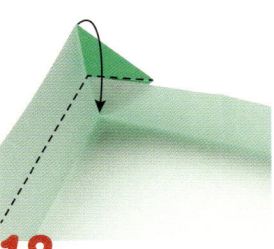

12. 点線でかぶせるよう
におる

13. ほかの3かしょも
11〜13と同じようにおる

14. うらがえす

できあがり

つばき

▶p.13

小さめの紙でつくって
カードやリースの
かざりに

{ 花 }「ざぶとんの基本形」（11ページ）からはじめる

・紙のひりつ

	はっぱ
花	「花」の 1/4の半分
	花心 「はっぱ」の半分 くらい

1. うらがえす

2. まん中より少し手前に合わせて、下の紙を引き出しながらおる

3. 2と同じようにおる

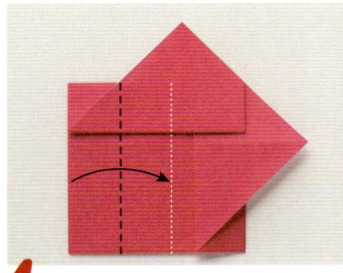

4. 2と同じようにおる

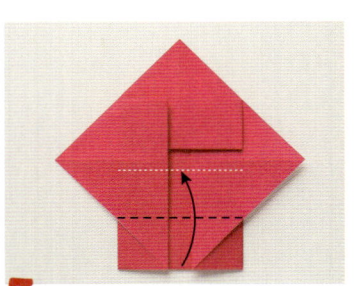

5. 2と同じようにおる

6. ななめ線の下の紙を引き出す

7. 引き出しているところ

8. 点線でおって6のななめ線のところを内がわへおりこむ

9. おりこんでいるところ

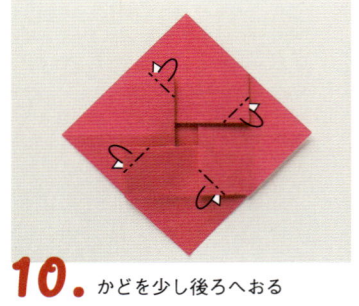

10. かどを少し後ろへおる

11. うらがえす
（19ページ上へつづく）

次ページ

18

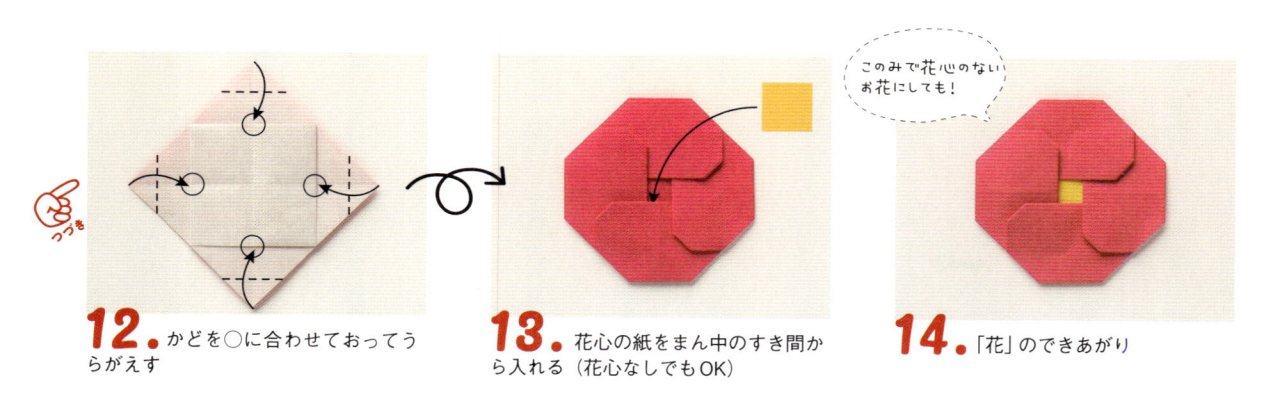

このみで花心のない
お花にしても！

12. かどを○に合わせておってうらがえす

13. 花心の紙をまん中のすき間から入れる（花心なしでもOK）

14. 「花」のできあがり

{ はっぱ } たて半分におりすじをつけてからはじめる

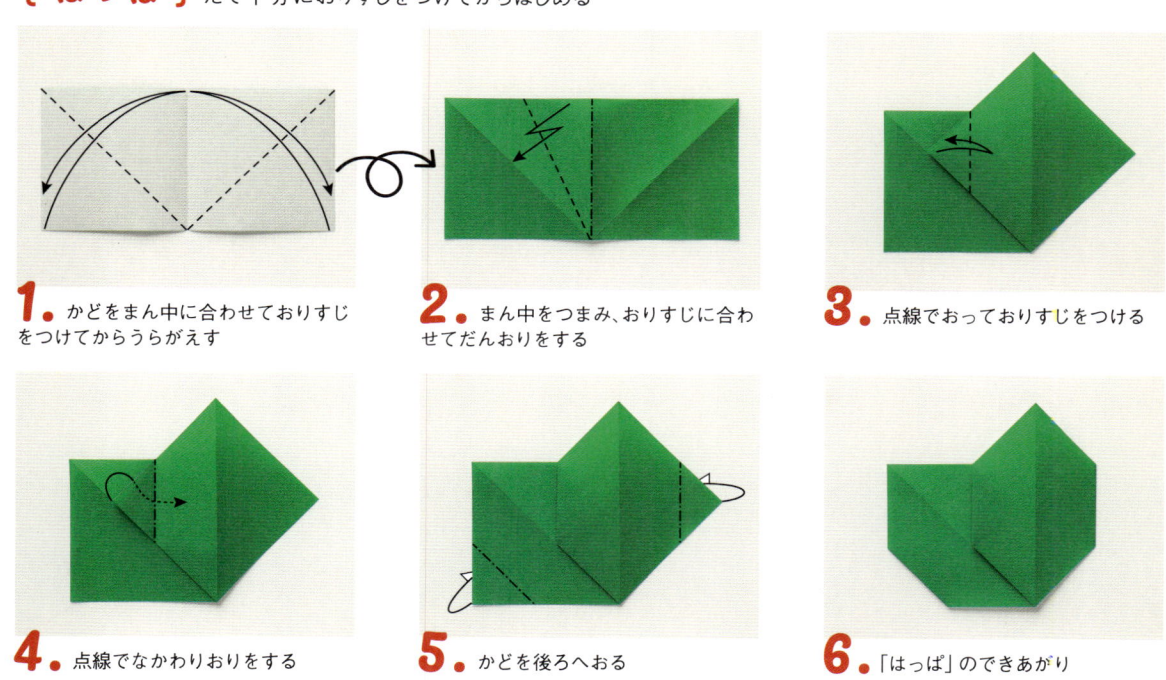

1. かどをまん中に合わせておりすじをつけてからうらがえす

2. まん中をつまみ、おりすじに合わせてだんおりをする

3. 点線でおっておりすじをつける

4. 点線でなかわりおりをする

5. かどを後ろへおる

6. 「はっぱ」のできあがり

できあがり

「花」と「はっぱ」を組み合わせる

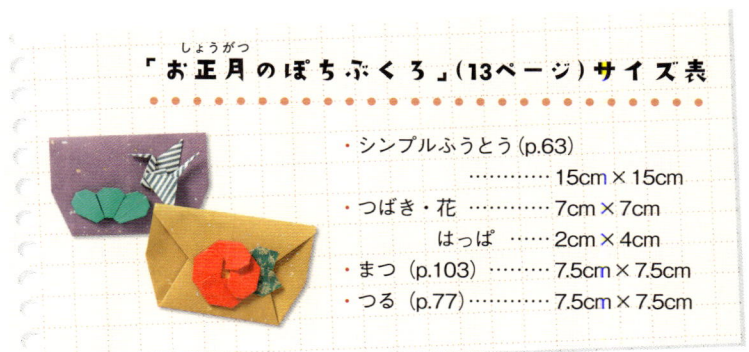

「お正月のぽちぶくろ」（13ページ）サイズ表

- シンプルふうとう (p.63) ………… 15cm × 15cm
- つばき・花 ………… 7cm × 7cm
  はっぱ …… 2cm × 4cm
- まつ (p.103) ………… 7.5cm × 7.5cm
- つる （p.77） ………… 7.5cm × 7.5cm

2月のおりがみかざり

節分やバレンタインにはおりがみの箱が重宝します。
ラッピングのかざりにしおりを使うなど
用途にこだわらずに使い方を考えるのも楽しいですね。

I love you!

ギフトバッグのかざり
How to p.23

For you!

チョコ入れのはこ
How to **p.24**

オニはそと～？！

豆まきのはこ
How to **p.22**

おにばこ
▶p.21

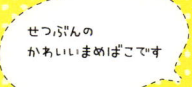
せつぶんの
かわいいまめばこです

◼ 「ざぶとんの基本形」（11ページ）からはじめる

1. まん中に合わせておりす
じをつける

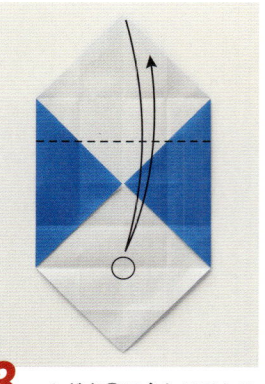

2. 2かしょをひらく

3. かどを○に合わせており
すじをつける

4. かどを○に合わせておる

うらに顔を
かいておく

5. 紙のはしからかどが少し
出るようにおる

6. 点線でおって立体にする

のりをつけて
はる

7. おっているところ

8. かどをおってむきをかえる

9. 点線でおって立体にする

10. 点線でおって内がわ
におりこむ

11. おりこんだところ

できあがり

だいずや
からつきピーナッツを
入れられるよ

ハートのしおり

▶p.20

しおりにも、ギフトのかざりにもつかえる！

◼ たてよこ半分におりすじをつけてからはじめる

1. かどを中心に合わせて後ろにおっておりすじをつける

2. まん中に合わせて、上は前に、下は後ろにおる

3. まん中に合わせておる

4. 内がわのかどを引き出してたたむ

5. ⬇からすきまをひらいてつぶす

6. うらがえす

7. ⬇からすきまをひらいて○がかどになるようにつぶす

8. 点線でおる

9. ○のいちに★があつまるようにおりすじをつかってたたむ

10. 上の紙だけ、かどを○に合わせておる

11. うらがえす

12. ななめにおってさしこむ

13. 点線でおってうらがえす

できあがり

ノートや本のかどにはめてつかいます

「ギフトバッグのかざり」（20ページ）サイズ表

- ・ハートのしおり
  ……… 15cm×15cm
- ・ちょうちょリボン(p.38)
  ……… 2.5cm×5cm

LOVE

ハートつきのはこ
▶p.21

チョコレートを入れてバレンタインのプレゼントに！

{ ハートつきのはこ } 「ざぶとんの基本形」（11ページ）からはじめる

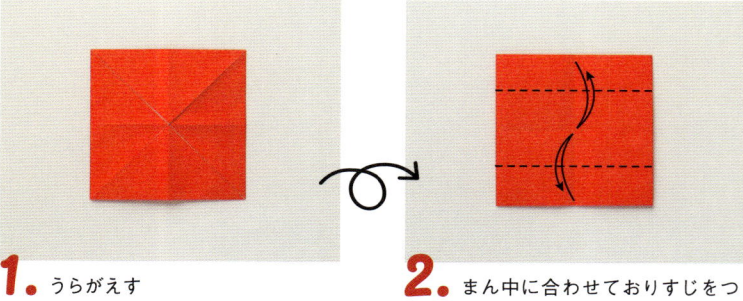

1. うらがえす

2. まん中に合わせておりすじをつける

3. 下のかどを出す

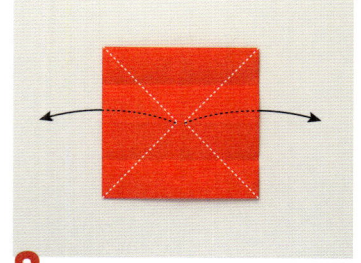

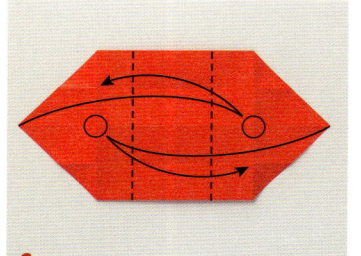

4. かどを○に合わせておりすじをつける

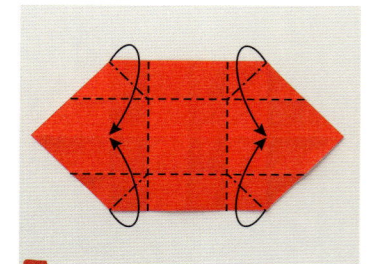

5. 点線でおって立体にする

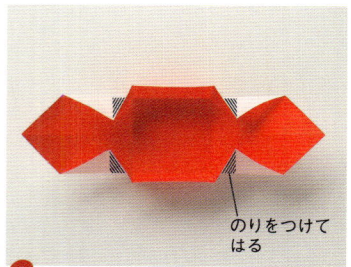

6. おっているところ

のりをつけてはる

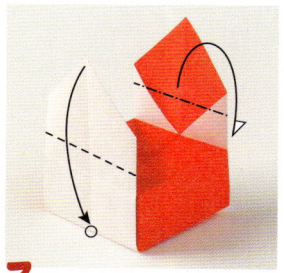

7. かどを○に合わせておる。うらも同じ

8. 太線を切る

9. 点線で後ろにおっておりすじをつける

10. 点線でなかわりおりをする

11. かどを後ろへおる

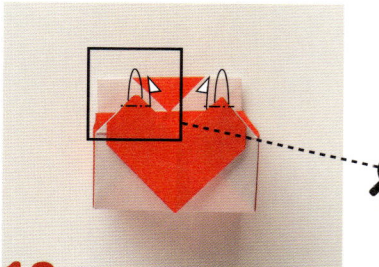

12. 点線で後ろにおっておりすじをつける。**13・14**はかく大図

大きく

13. いったんかどのところをひらき、②のすきまでなかわりおりをする（25ページ上へつづく）

次ページ

24

14. なかわりおりしたところ。右も同じようにおる

15. うらも **8〜14** と同じようにおる

16. 「ハートつきのはこ」のできあがり

｛ますばこ｝(伝承作品) 「ざぶとんの基本形」(11ページ)からはじめる

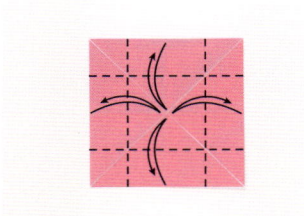

1. まん中に合わせておりすじをつける

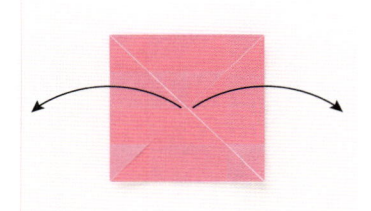

2. 左右をひらく

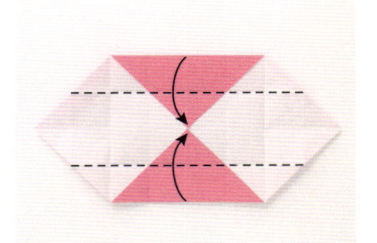

3. まん中に合わせておる

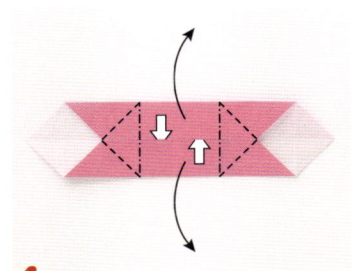

4. ⇩⇧からすきまをひらいて立体にする

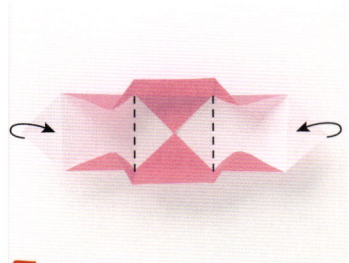

5. ひらいているところ。点線でおって左右を立てる

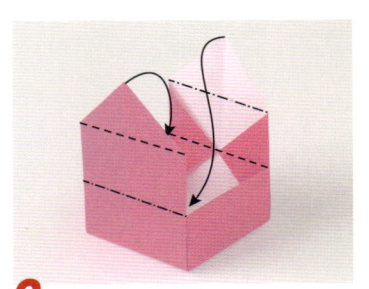

6. 点線でおって中におりこむ

｛組み立て方｝

7. 「ますばこ」のできあがり

「ハートつきのはこ」に「ますばこ」をさしこむ

できあがり

25

March

3月のおりがみかざり

みんなでいっしょに作るのも楽しいひなまつり作品。
モチーフを集めた「つるしかざり」は
同系統の色でコーディネートするとシックにまとまります。

ひな人形の置きかざり
How to p.29

春のつるしかざり
How to p.33

そつえん
おめでとう

卒園おめでとうカード
How to p.35

オメデトー！

ぼんぼり

▶p.26

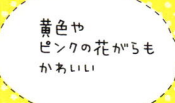

黄色や
ピンクの花がらも
かわいい

{ ちょうちん } たてよこ半分におりすじをつけてからはじめる

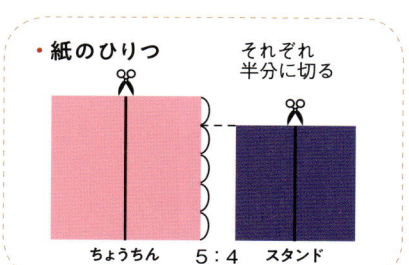

・紙のひりつ　　それぞれ半分に切る

ちょうちん　5:4　スタンド

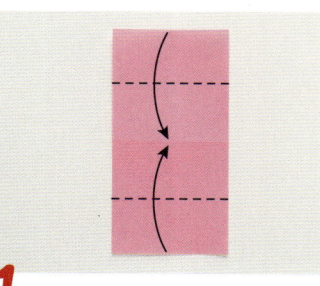

1. まん中に合わせておる

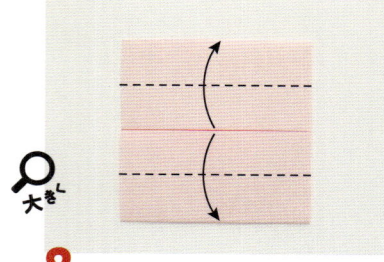

大きく

2. 上の1枚を紙のはしに合わせておる

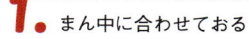

3. うらがえす

4. かどを中心に合わせておる

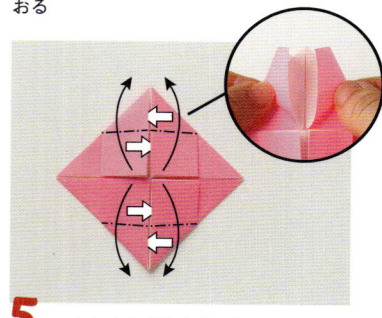

5. ⇨⇦からすきまをひらいてつぶす

6. 点線でおっておりすじをつける

7. ⇨⇦からすきまをひらく

8. 内がわの三角をおる

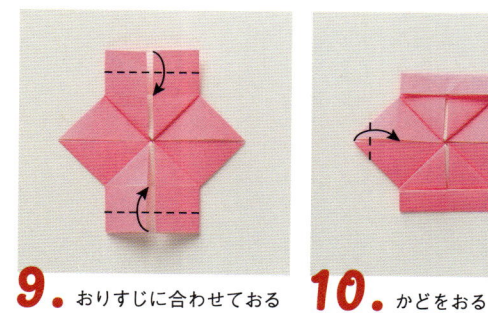

9. おりすじに合わせておる

10. かどをおる

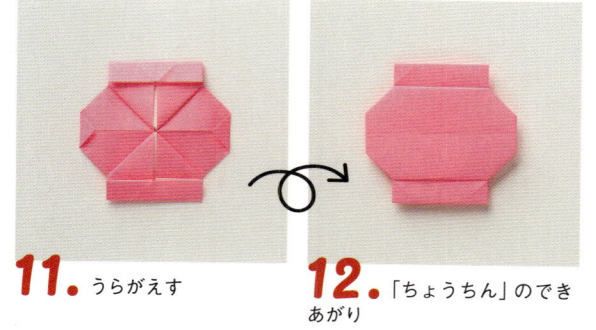

11. うらがえす

12. 「ちょうちん」のできあがり

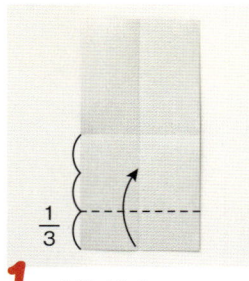

1. 点線でおる

2. 紙の合わせめで後ろへおる

3. まん中に合わせておる

4. ⇨⇦からすきまをひらいてつぶす

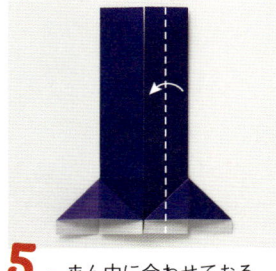

5. まん中に合わせておる

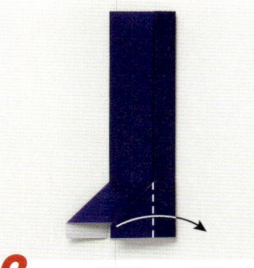

6. 点線でおりかえす

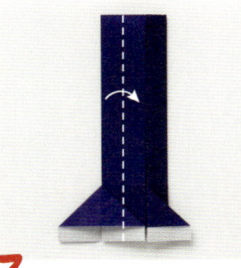

7. 左も **5〜6** と同じようにおる

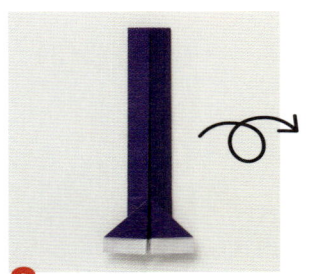

8. うらがえす

9. 「スタンド」のできあがり

できあがり

「ちょうちん」の後ろに「スタンド」をのりづけする

「ひな人形の置きかざり」(26 ページ) サイズ表

- ひな人形 (p.30) ……………… 15cm × 15cm
- シンプルなひな台 (p.17) ……… 15cm × 15cm
- ぼんぼり・ちょうちん ………… 6cm × 12cm
- スタンド ………… 5cm × 10cm

ひな人形
▶p.26

きれいな紙でつくってひなまつりのかざりに

・紙のひりつ

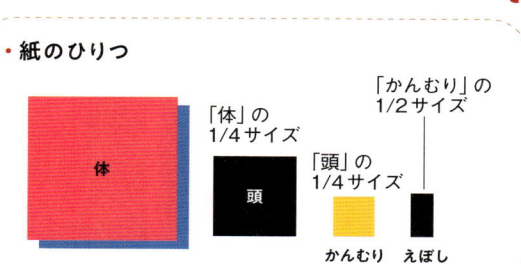

体

「体」の1/4サイズ
頭

「頭」の1/4サイズ
かんむり

「かんむり」の1/2サイズ
えぼし

{ めびなの頭 } たてよこ半分におりすじをつけてからはじめる

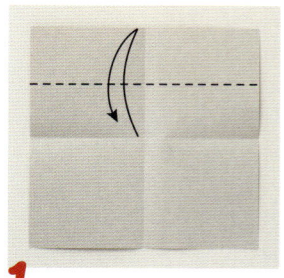

1. まん中に合わせておりすじをつける

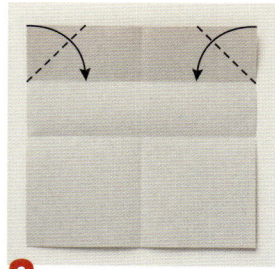

2. かどをおりすじに合わせておる

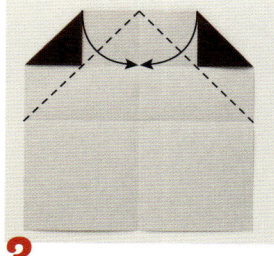

3. まん中に合わせておる

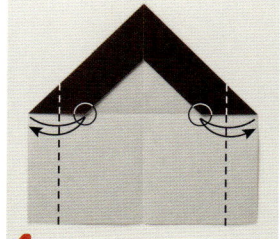

4. かどを○に合わせておりすじをつける

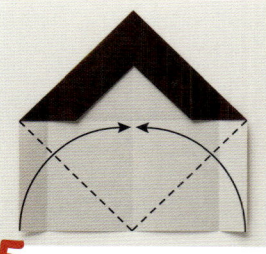

5. かどを中心に合わせておる

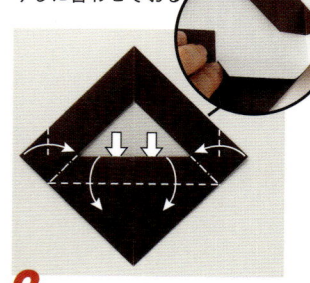

6. ⇩からすきまをひらいて点線でおり、左右のかどをたたむ

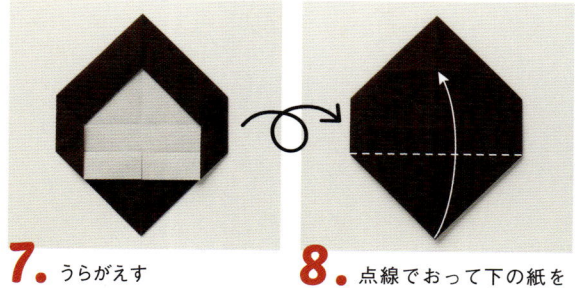

7. うらがえす

8. 点線でおって下の紙を出す

9. かどをおりすじに合わせておってうらがえす

10. 「めびなの顔」のできあがり。顔をかく

{ かんむり } 「つるの基本形」（9 ページ）からはじめる

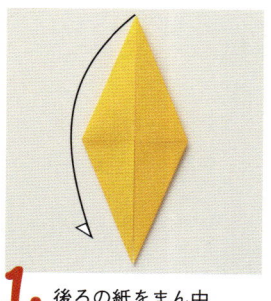

1. 後ろの紙をまん中でおってたおす

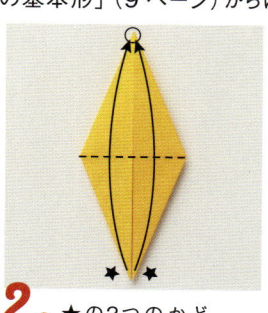

2. ★の2つのかどを○にあわせておる

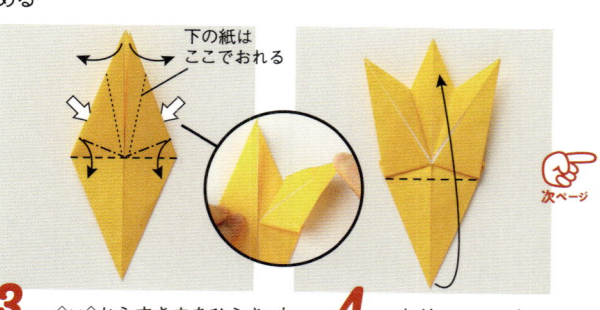

下の紙はここでおれる

3. ☝☝からすきまをひらき、少し手前にずらすようにしてつぶす

4. 点線でおる（31ページへつづく）

次ページ

{ おびなの頭 } 「めびなの頭」（30ページ）の **3** までおってからはじめる

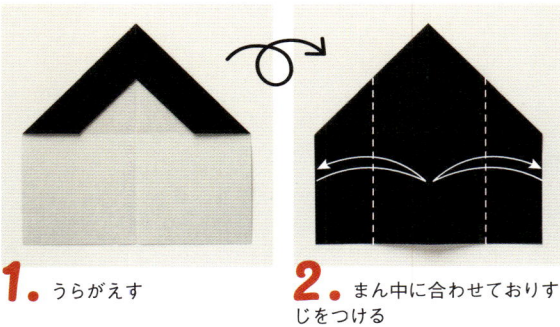

1. うらがえす

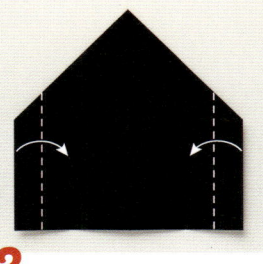

2. まん中に合わせておりすじをつける

3. おりすじに合わせておる

4. うらがえす

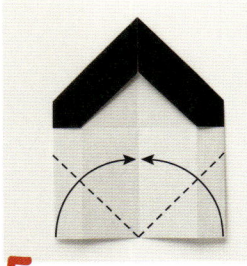

5. かどをまん中に合わせておる

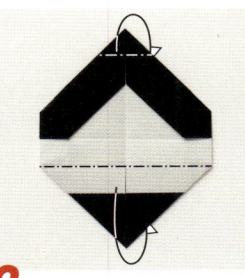

6. かどを後ろへおる

7. かどを後ろへおる

8. 「おびなの顔」のできあがり。顔をかく

{ えぼし } 「ぼんぼり」の「スタンド」（p.29）の **4** までおってからはじめる

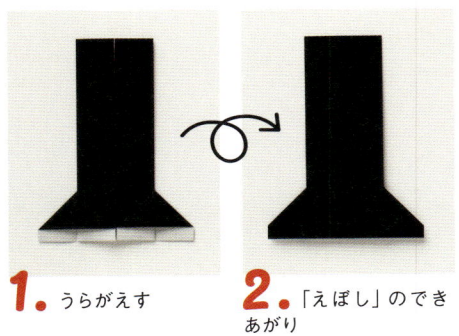

1. うらがえす

2. 「えぼし」のできあがり

{ 組み立て方 }

「頭」のすきまに「体」をさしこんでのりづけする。「かんむり」「えぼし」は「頭」にのりづけする

※体のつくりかたは32ページ

つづき

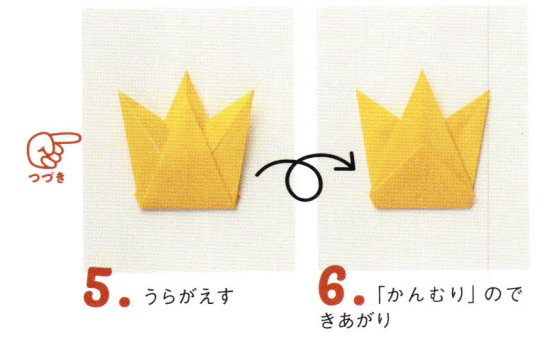

5. うらがえす

6. 「かんむり」のできあがり

できあがり

{ めびなの体 } 「正方基本形」（9 ページ）からはじめる

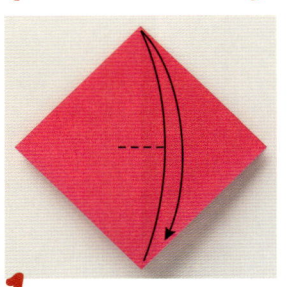

1. 上の1まいを半分におり、まん中に少しおりすじをつける

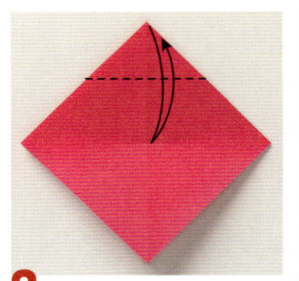

2. かどをまん中に合わせておりすじをつける

3. かどをおりすじに合わせておりすじをつける

4. ★をつまんで外がわに引っぱり、上のかどを四角くたいらにする

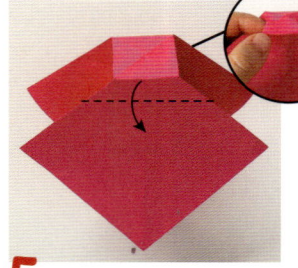

5. 点線でおって四角のぶぶんを手前にたおす

6. 点線でおって四角をたたむ

7. 上下のむきをかえる

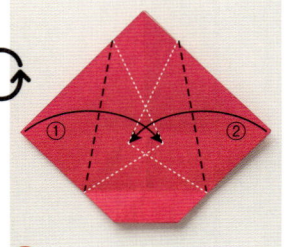

8. 上の紙だけ①②のじゅんに点線でおる

9. 上の紙のふちから少しはなして①②のじゅんに点線でおる

10. 上の1まいを点線でおって立て、底をたいらにする。うらも同じ（へいめんでかざるときは、たいらにしない）

11. 「めびなの体」のできあがり

5. 「おびなの体」のできあがり

{ おびなの体 } 「めびなの体」の **7** までおってからはじめる

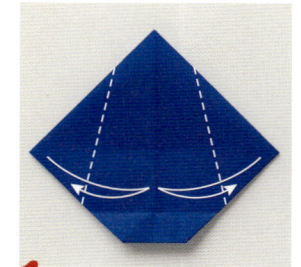

1. 上の紙だけ、かどをまん中に合わせてななめにおっておりすじをつける

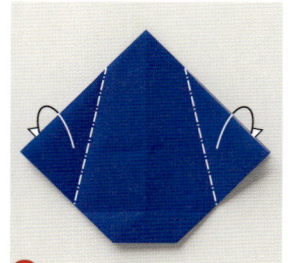

2. 上の紙だけ、おりすじのところで後ろにおる

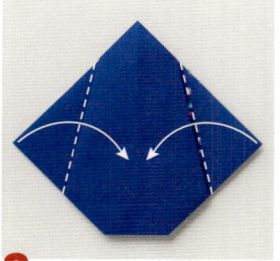

3. 上の紙のふちにそうようにおる

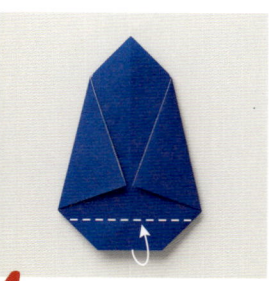

4. 上の1まいを点線でおって立て、底をたいらにする。うらも同じ（へいめんでかざるときは、たいらにしない）

さくら

▶p.26.27

> 花びらだけでも
> かわいいかざりに

{ 花びら } おりがみを半分に切ってからはじめる

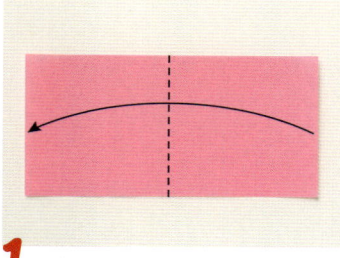

1. 半分におる

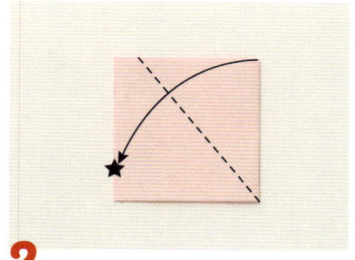

2. かどを★にあわせておる

3. うらがえす

4. 上の1まいをひらく

5. かどを後ろへおる

6. 「花びら」のできあがり。同じものを5まいつくる

{ 組み立て方 }

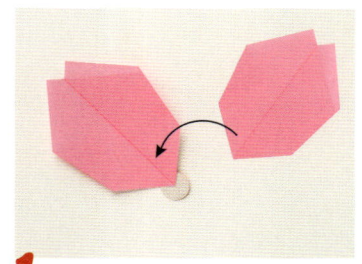

1. 2cmくらいの丸シールなどを花びらのうらにはり、べつの花びらをかさねてはる

2. のこりの3まいも同じようにはる

3. さいごの花びらをとなりの花びらの下にさしこむ

できあがり

「春のつるしかざり」
（26・27ページ）サイズ表

・さくら	2cm×4cm
・つる（p.77）	7.5cm×7.5cm
・はさみ1回リボン（p.90）	7.5cm×7.5cm

2色クローバー
▶p.27

こううんの
よつばのクローバー
をおりがみで！

■ 「正方基本形」（9ページ）からはじめる

1. 上の1まいを半分におり、まん中に少しおりすじをつける

2. かどをまん中に合わせておりすじをつける

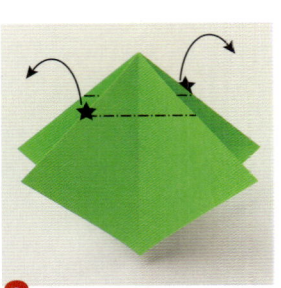

3. ★をつまんで外がわに引っぱり、上のかどを四角くたいらにする

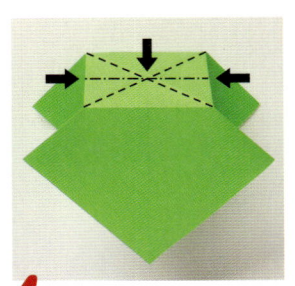

4. 左右と上からおしこみ、まん中をへこませてたたむ

5. たたんでいるところ

6. かどをまん中に合わせておる。うらも同じ

7. 1まいずつめくる。うらも同じ

8. かどをまん中に合わせておる。うらも同じ

9. ⇧から中がおもてになるようにひらく

10. ひらいているところ。まん中をつぶしてたいらにする

11. うらがえす

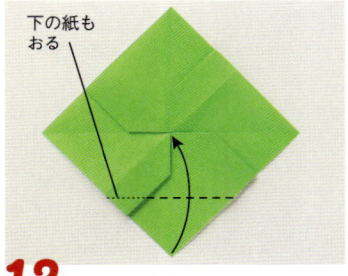

下の紙も
おる

12. かどを中心に合わせてさしこむようにおる

13. ほかの3かしょも**12**と同じようにおる

14. うらがえす
（35ページ上へつづく）

15. ○と○を合わせて、点線ぶぶんだけおる

16. ↗からすきまをひらく。**17**はかく大図

17. ●を○にあわせて点線でおり、★のかどをたおす

18. 赤い線をいっぱいまでつぶすようにおる

19. かどを○に合わせておる

20. ほかの3かしょも**15**〜**19**と同じようにおる

21. かどを○に合わせておってうらがえす

できあがり

{ 1色タイプ } 「2色クローバー」の**10**までおってからはじめる

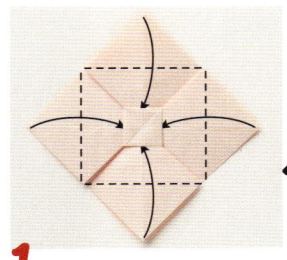

1. かどをおって先を四角の中にさしこむ

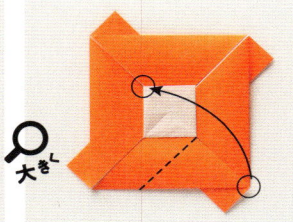

2. ○と○を合わせて、点線ぶぶんだけおる。「2色クローバー」の**15**〜**19**と同じようにおる

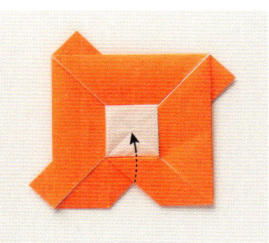

3. 中のかどを引き出す

4. ななめ線の三角のかどを下の白い四角にさしこむ

5. ほかの3かしょも**2**〜**4**と同じようにおる

6. かどを○に合わせておってうらがえす

できあがり

「卒園（そつえん）おめでとうカード」
（27ページ）サイズ表

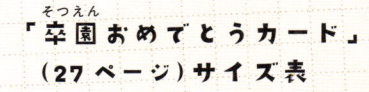

そつえんおめでとう

- 2色クローバー ………… 7.5cm × 7.5cm
- 1色タイプのクローバー …… 6.5cm × 6.5cm
- おりひめ・ひこぼしの頭（p.114・115）
  　　　　　　　　　　7.5cm × 7.5cm
- えんぼうし（p.55）　　　 7.5cm × 7.5cm

April

４月のおりがみかざり

入学や進級など新しいスタートの月。
クローバーリースでお部屋にも春を運びましょう。
お祝いの席にはちょうちょのはし置きで華やかさを。

クローバーリース
How to p.40

入<ruby>学<rt>にゅうがく</rt></ruby>おめでとうカード
How to p.39

ちょうちょのはし<ruby>置<rt>お</rt></ruby>き
How to p.38

ちょうちょリボン
▶p.37

かわいいかざりにも
はしおきにもなる
すぐれもの

◼ おりがみを半分に切って、たて半分におりすじをつけてからはじめる

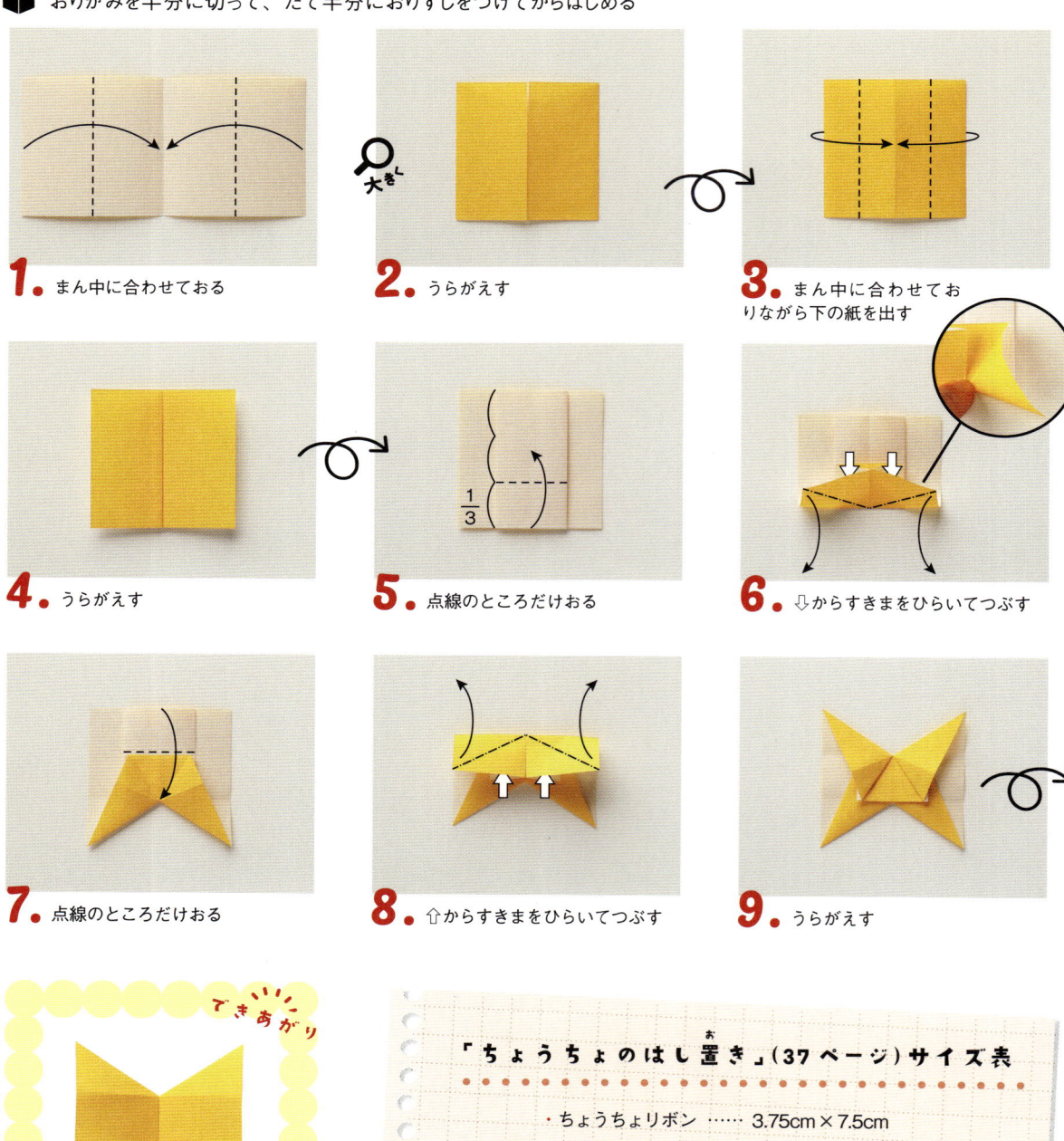

1. まん中に合わせておる

2. うらがえす

3. まん中に合わせてお
りながら下の紙を出す

4. うらがえす

5. 点線のところだけおる

1/3

6. ⬇からすきまをひらいてつぶす

7. 点線のところだけおる

8. ⬆からすきまをひらいてつぶす

9. うらがえす

できあがり

「ちょうちょのはし置き」（37ページ）サイズ表

・ちょうちょリボン …… 3.75cm×7.5cm

ことり

▶p.37

体とはねの色を
かえるとカラフルに！

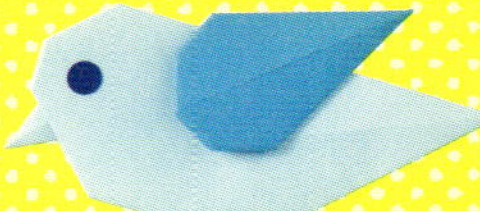

・紙のひりつ

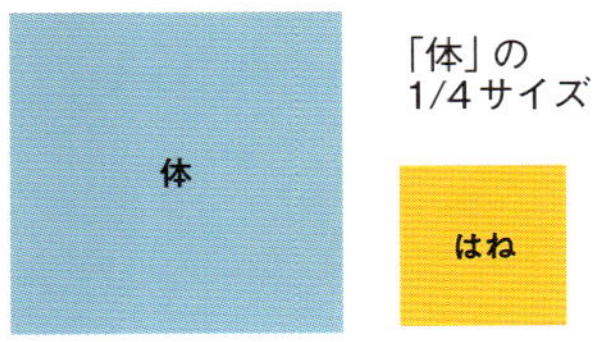

{ 体 } 「たこの基本形」（10ページ）からはじめる

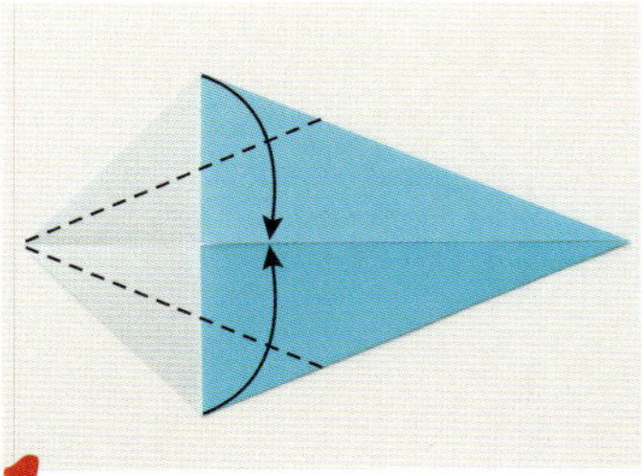

1. まん中に合わせておる

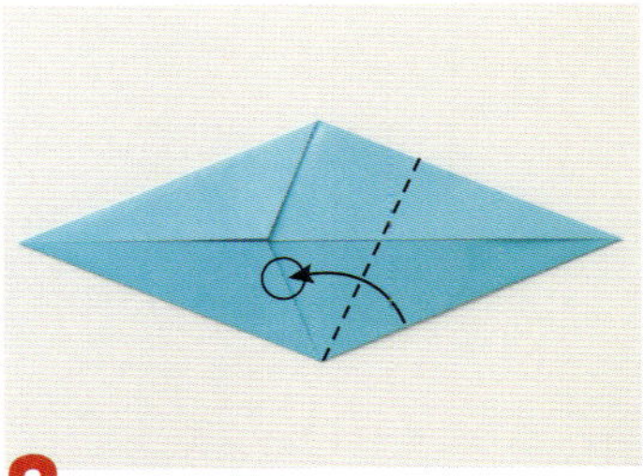

2. 紙のはしを○のななめの紙に合わせておる

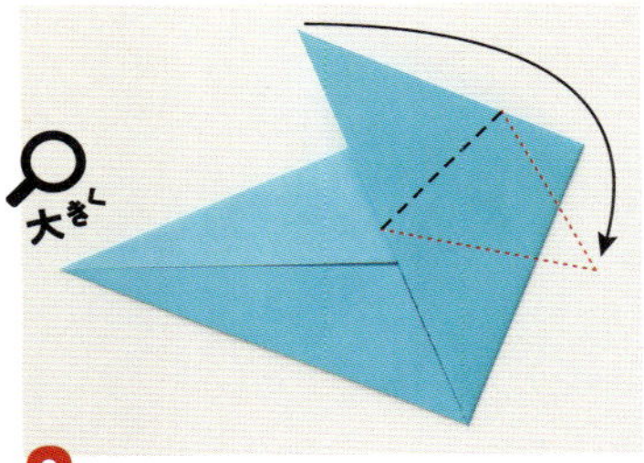

3. かどが少し出るようにおる

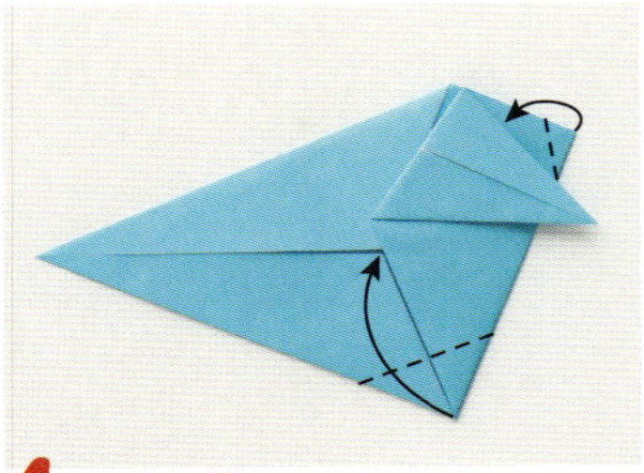

4. かどをおる

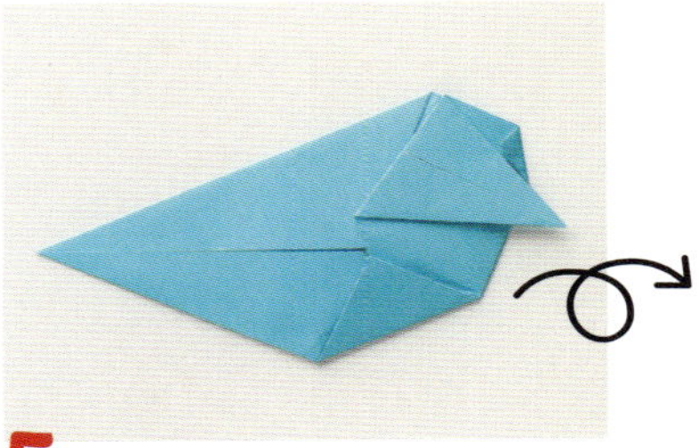

5. うらがえす

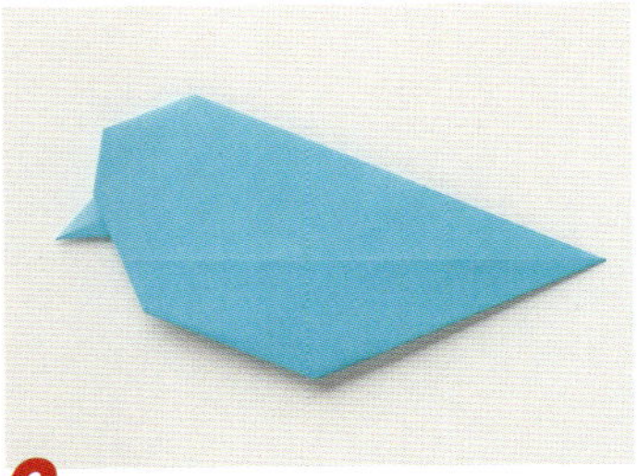

6. 「体」のできあがり。「はね」をはる

{ はね } 「たこの基本形」（10ページ）からはじめる

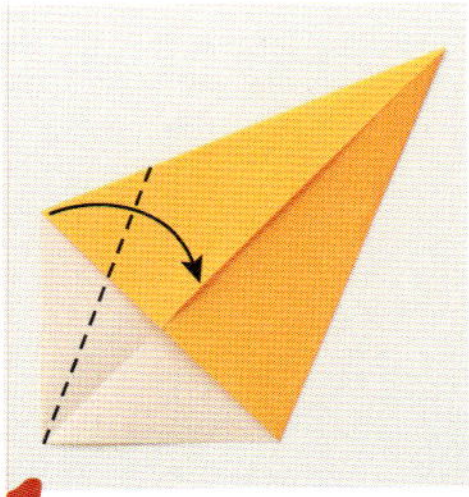

1. まん中に合わせておる

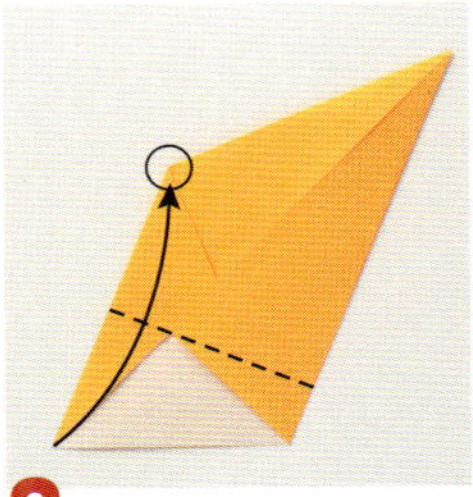

2. かどを○に合わせておる

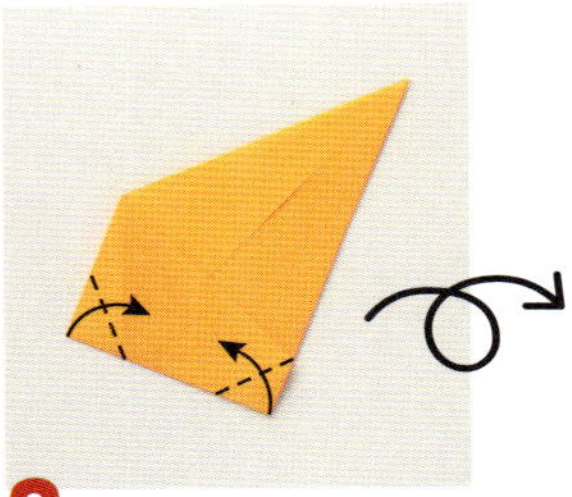

3. かどをおってうらがえす

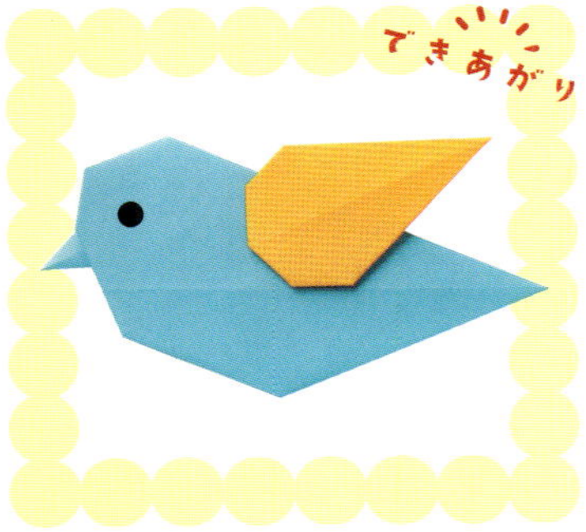

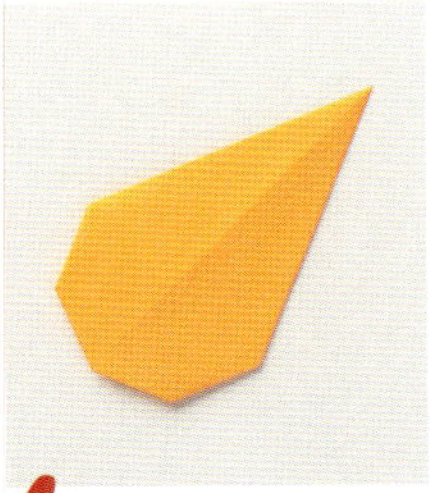

4. 「はね」のできあがり

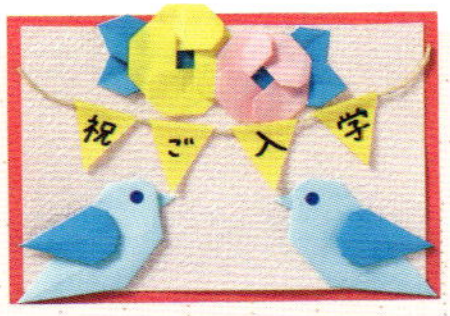

「入学おめでとうカード」（37ページ）サイズ表

・つばき・花・大（p.18）	…	7.5cm×7.5cm
小	…………	7cm×7cm
はっぱ（p.19）	…	2cm×4cm
・ことり	…………………………	7.5cm×7.5cm

クローバーリース

▶p.36

きせつによって
色をかえても
すてき

{ パーツ } 「8マス×8マスのおりすじ」（11ページ）の **2** までおってからはじめる

1. うらがえす

2. ななめに半分におりすじをつける

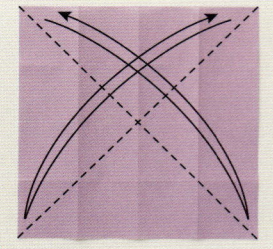

3. かどを中心に合わせておりすじをつける

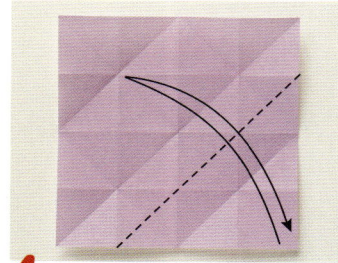

4. かどを **3** でつけたおりすじに合わせておりすじをつける

5. ほかの **3** かしょも **4** と同じようにおる

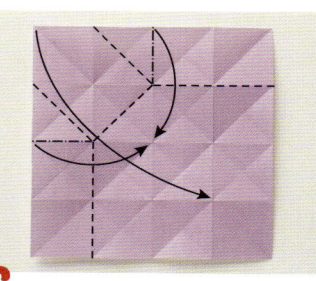

6. おりすじをつかってたたむ

7. たたんでいるところ

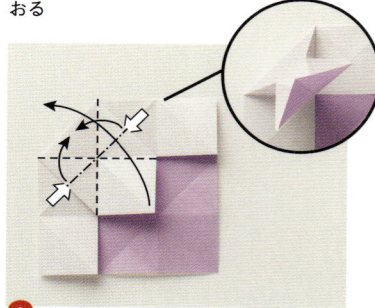

8. ↗↖からすきまをひらきながらたたむ

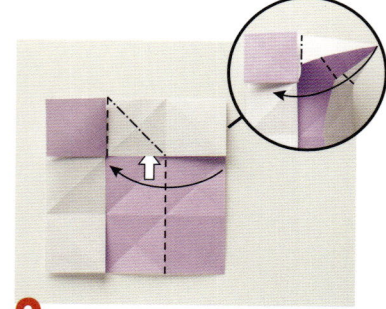

9. ↑からひらいておりすじをつかってたたむ

大きく

10. ↘↙からすきまをひらきながらたたむ

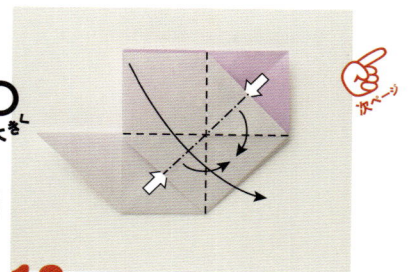

大きく

11. おりすじをつかってたたむ

12. **8** と同じようにおる
（41ページ上へつづく）

次ページ

後ろから見たところ。
↑をつぶすようにおる

13. ↓からすきまをひらいて、少し広げながらたたむ

14. 8と同じようにおる

15. ○の1かしょだけのこして、かどを後ろへおる

16. 点線でおってひらく

17. かどを中心に合わせておる

18. 16でひらいたところをもどす

19. AとBのかどを16〜18と同じようにおる

かどをおらない○とCのばしょにちゅうい！

20. 「パーツ」のできあがり。同じものを8まいつくる（○とCのいちにちゅういする）

{ 組み立て方 }

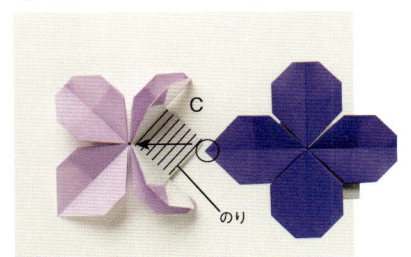

1. Cのところをひらいてべつのパーツの○をのりづけする

2. 1でひらいたところをもどす

3. Cのところをひらく

でき あがり

4. 1〜2と同じようにのこりもつないでいく

May

5月の
おりがみかざり

お部屋の壁にかざりやすい金太郎さんの
つるしかざりで男の子の節句をお祝いしましょう。
母の日のプレゼントにはおりがみで作った
カードやかざりを添えて。

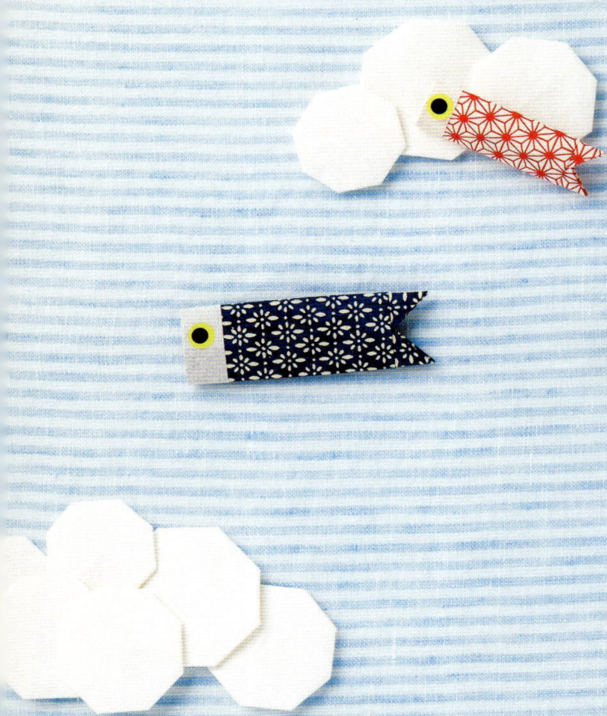

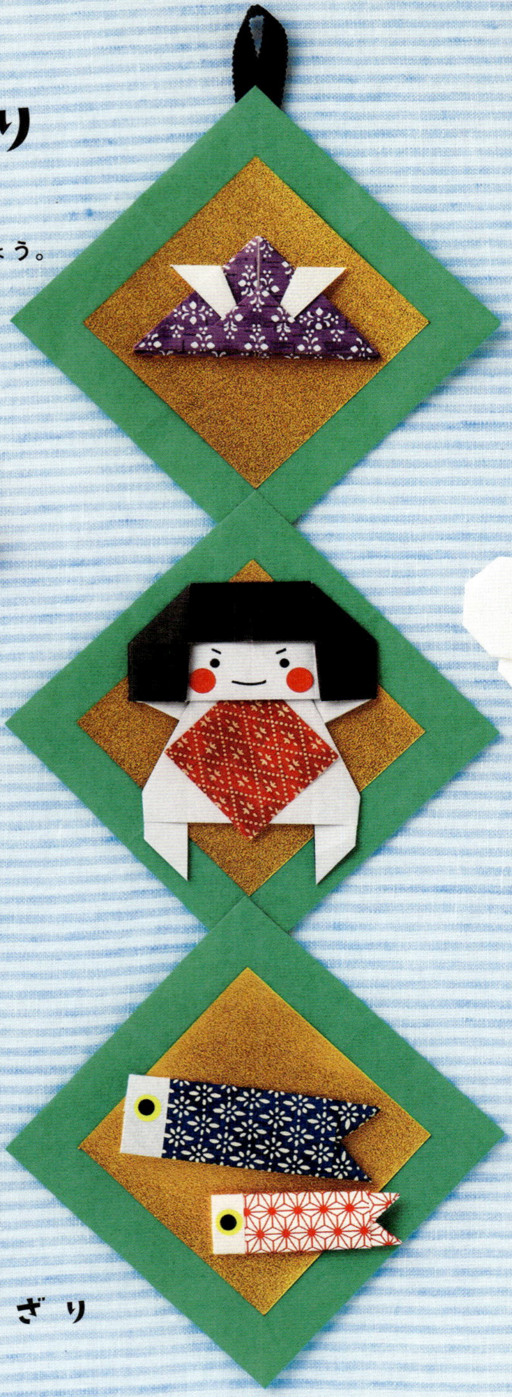

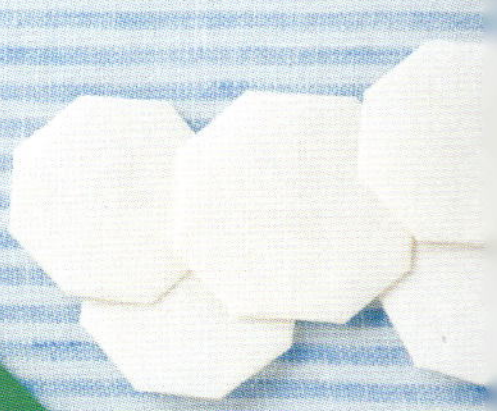

子どもの日のつるしかざり

How to p.44

How to p.49

母 の 日 カード

お母さん
ありがとう

母 の 日 の ギフトかざり

How to p.51

色かわりかぶと

▶p.42

くわがたが
うちの色になるよ！

■ 「にそうぶねの基本形」（10ページ）からはじめる

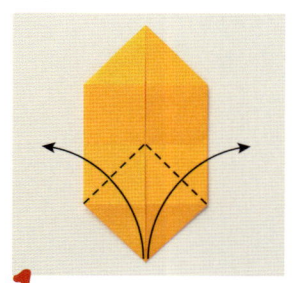

1. 点線でおる

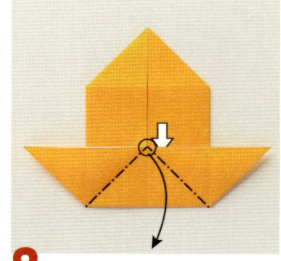

2. ⇩からすきまをひらいて〇がかどになるようにつぶす

3. つぶしているところ

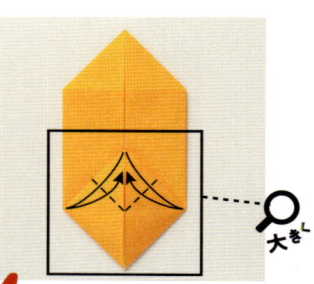

4. かどとかどを合わせておりすじをつける。**5〜8**はかく大図

5. 紙のはしをおりすじに合わせておりすじをつける

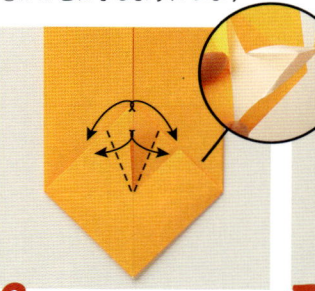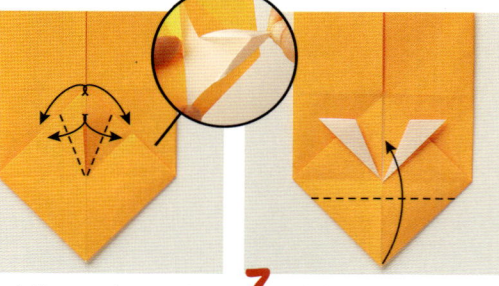

6. 点線でひっくりかえすようにおる

7. 点線でおる

8. 点線でおる

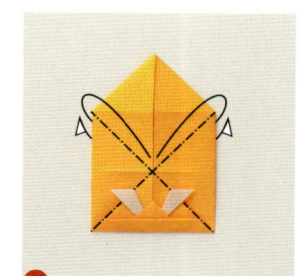

9. 点線で後ろへおっておりすじをつける

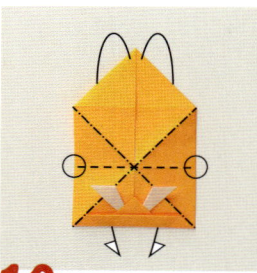

10. 〇と〇を合わせるようにたたむ

11. たたんでいるところ

12. 点線でおってすきまにさしこむ

できあがり

「子どもの日のつるしかざり」
（42ページ）サイズ表

- 色かわりかぶと ……………15cm×15cm
- 金たろう（p.46）……………15cm×15cm
- こいのぼり・大 ……………10cm×10cm
  - 　　　　小 …………7.5cm×7.5cm
- くも（「丸の形」・p.11）…6.5cm角〜8.5cm角を組み合わせる

こいのぼり

▶p.42

うろこをかいても
かわいい

🔳 たてよこ半分におりすじをつけてからはじめる

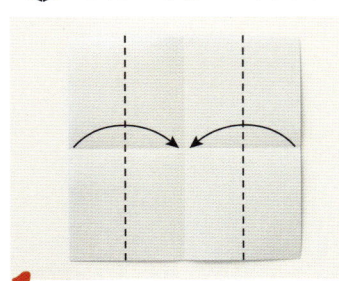

1. まん中に合わせておる

2. 紙のはしに合わせておる

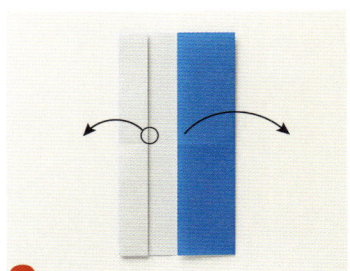

3. 左は○の紙のはしを左にたおす。右はひらく

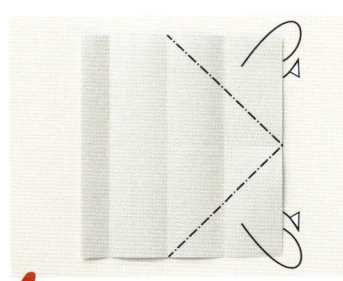

4. かどを中心に合わせて後ろへおっておりすじをつける

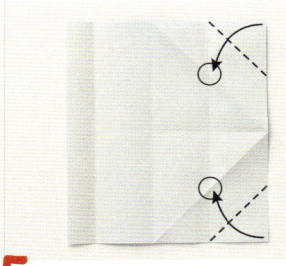

5. かどを○に合わせておる

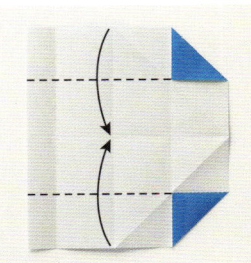

6. 点線のところだけまん中に合わせておる

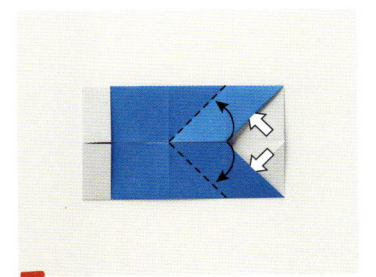

7. ◹◿からすきまをひらく

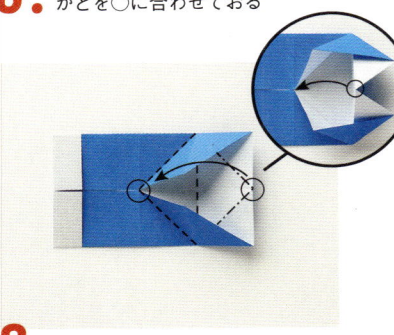

8. ○と○を合わせておってたたむ

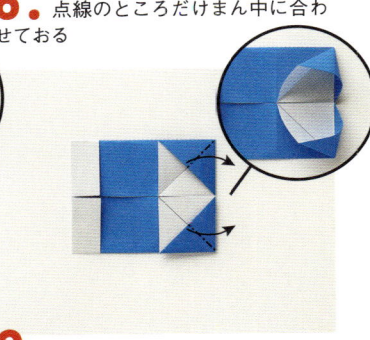

9. ふくろを右にたおしてつぶす

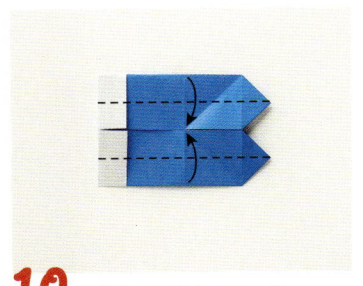

10. まん中に合わせておる

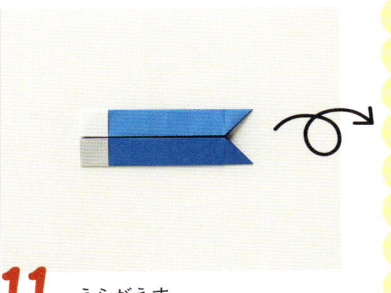

11. うらがえす

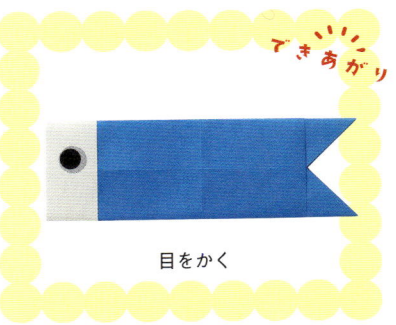

できあがり

目をかく

45

金たろう

▶p.42

ちょっとむずかしいけどがんばっておってね！

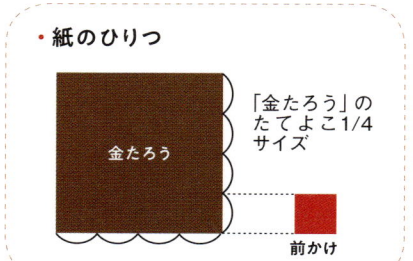

・紙のひりつ

金たろう

「金たろう」のたてよこ1/4サイズ

前かけ

■ 「8マス×8マスのおりすじ」（11ページ）からはじめる

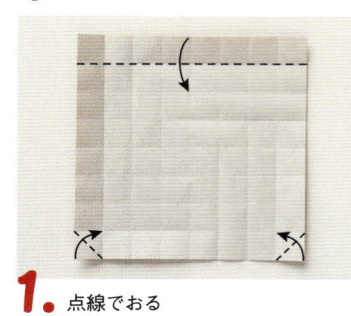

1. 点線でおる

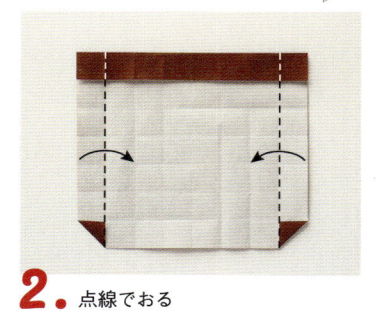

2. 点線でおる

3. かどをおる

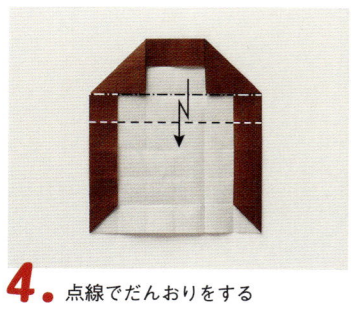

4. 点線でだんおりをする

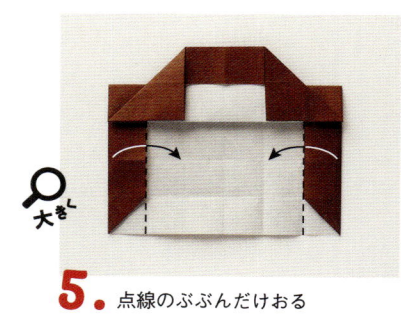

大きく

5. 点線のぶぶんだけおる

6. かどをおる

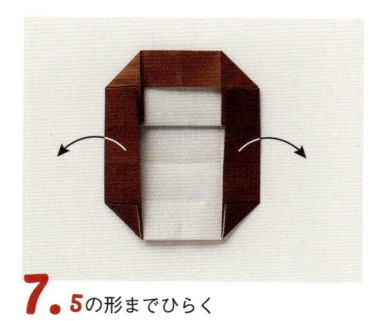

7. 5の形までひらく

8. うらがえす

9. 点線でおっておりすじをつける

10. 点線のところだけおる

11. ↙のすきまにゆびを入れて、おくまでつぶすようにおる（47ページ上へつづく）

次ページ

12. ○のかどを●に合わせて三角をつぶす（☝のところをおしこむ）

13. 三角の形の白い線に合わせて点線でおりたたむ

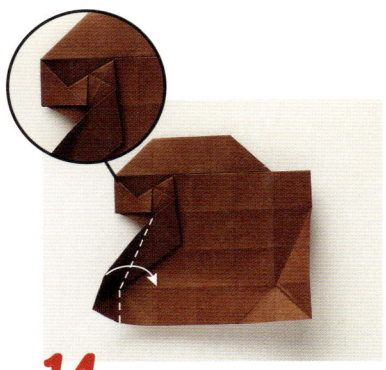

14. おりすじをつかってたたむ

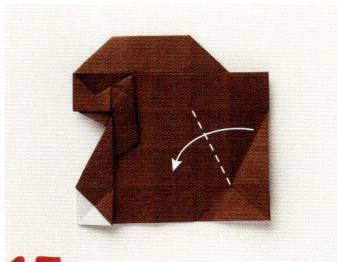

15. 点線のところだけおる

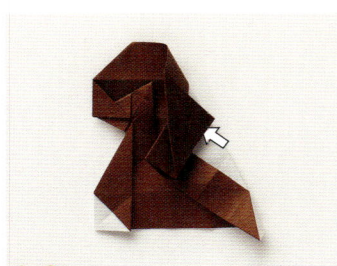

16. ☝のすきまにゆびを入れて、おくまでつぶすようにおる

17. ○のかどを●に合わせて三角をつぶす（☝のところをおしこむ）

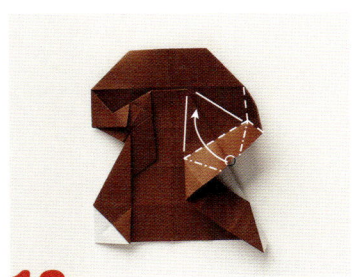

18. 三角の形の白い線に合わせて点線でおりたたむ

19. おりすじをつかってたたむ

20. 左右をいったんひらいて点線で内がわにおりこむ

21. 点線でおってうらがえす

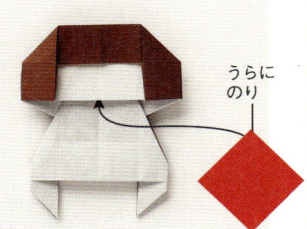

22. 顔をかき、のりをつけて「前かけ」をさしこむ

うらにのり

できあがり

金

バ ラ

▶p.43

カードやリースの
かざりに
大かつやく!

📦 「つるの基本形」（9ページ）からはじめる

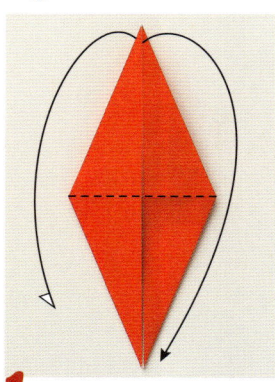

1. 点線でかどをおり下げる。うらも同じ

2. かどを○に合わせておりすじをつける

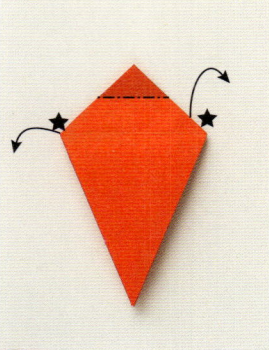

3. ★をつまんで外がわに引っぱり、上のかどを四角くたいらにする

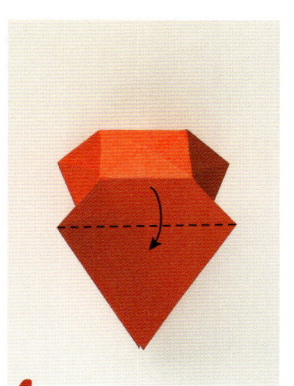

4. 点線でおって四角のぶぶんを手前にたおす

5. たおしているところ

6. いちばん後ろの紙を上にたおす

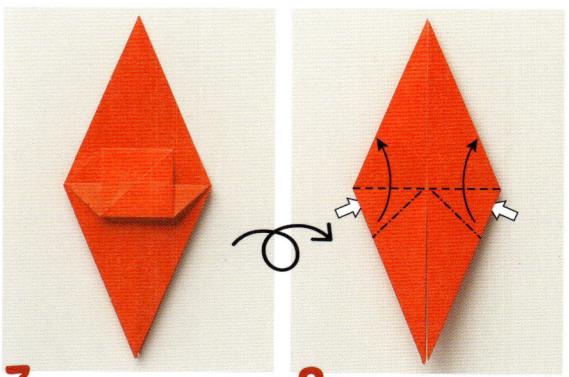

7. うらがえす

8. ↗↙からすきまをひらいてつぶす

9. つぶしているところ

10. うらがえす

11. 点線でおってかどをおこし、おりすじにあわせてたたむ。**12～15**はかく大図（49ページ上へつづく）

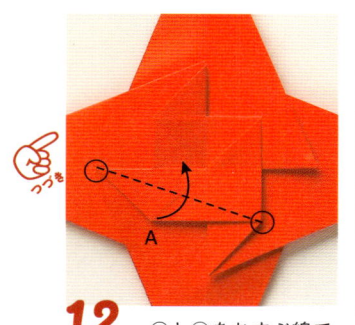

12. ○と○をむすぶ線で
おる

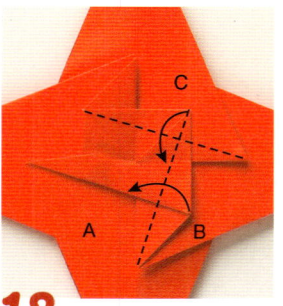

13. **12**と同じようにB・
Cのじゅんにおる

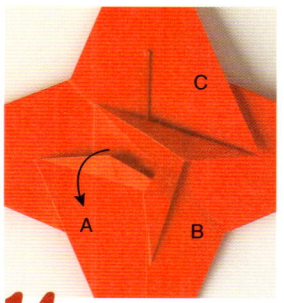

14. Aをいったんひらく

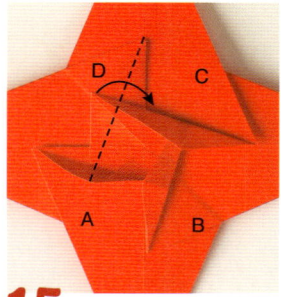

15. DをおってAをたたむ

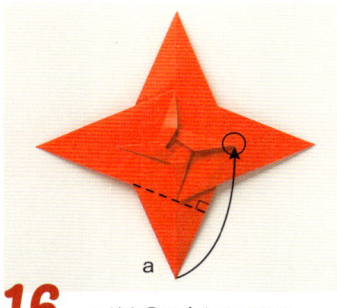

16. かどを○に合わせておる

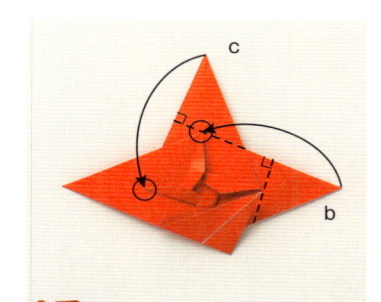

17. **16**と同じようにb・cのじゅん
におる

18. 点線でおってさしこむ

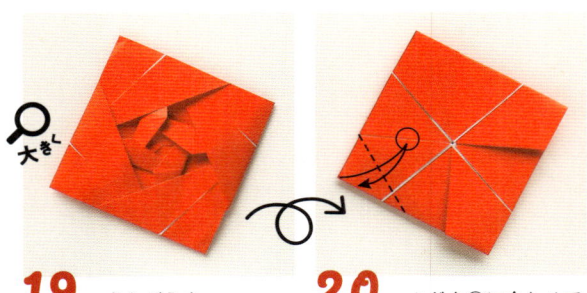
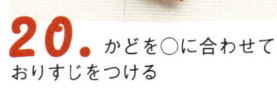

19. うらがえす

20. かどを○に合わせて
おりすじをつける

21. ✂からすきまをひら
いて内がわだけおる

内がわ
だけおる

22. ほかの3かしょも
20〜**21**と同じようにおる

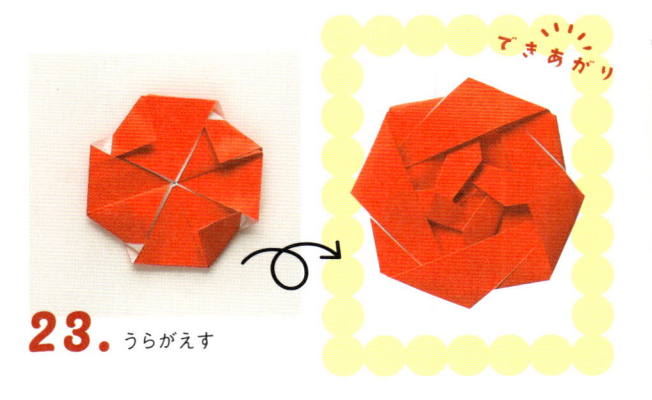

23. うらがえす

できあがり

「**母の日カード**」
（**43ページ**）**サイズ表**

・バラ・大	………………	11cm×11cm
小	………………	9cm×9cm
・はさみ1回リボン（p.90）	………	7.5cm×7.5cm

ねこのしおり
▶p.43

しおりにもマスコットにもなります！

🔳 「まねきねこ」（14ページ）の **8** までおってからはじめる（色のめんからおる）

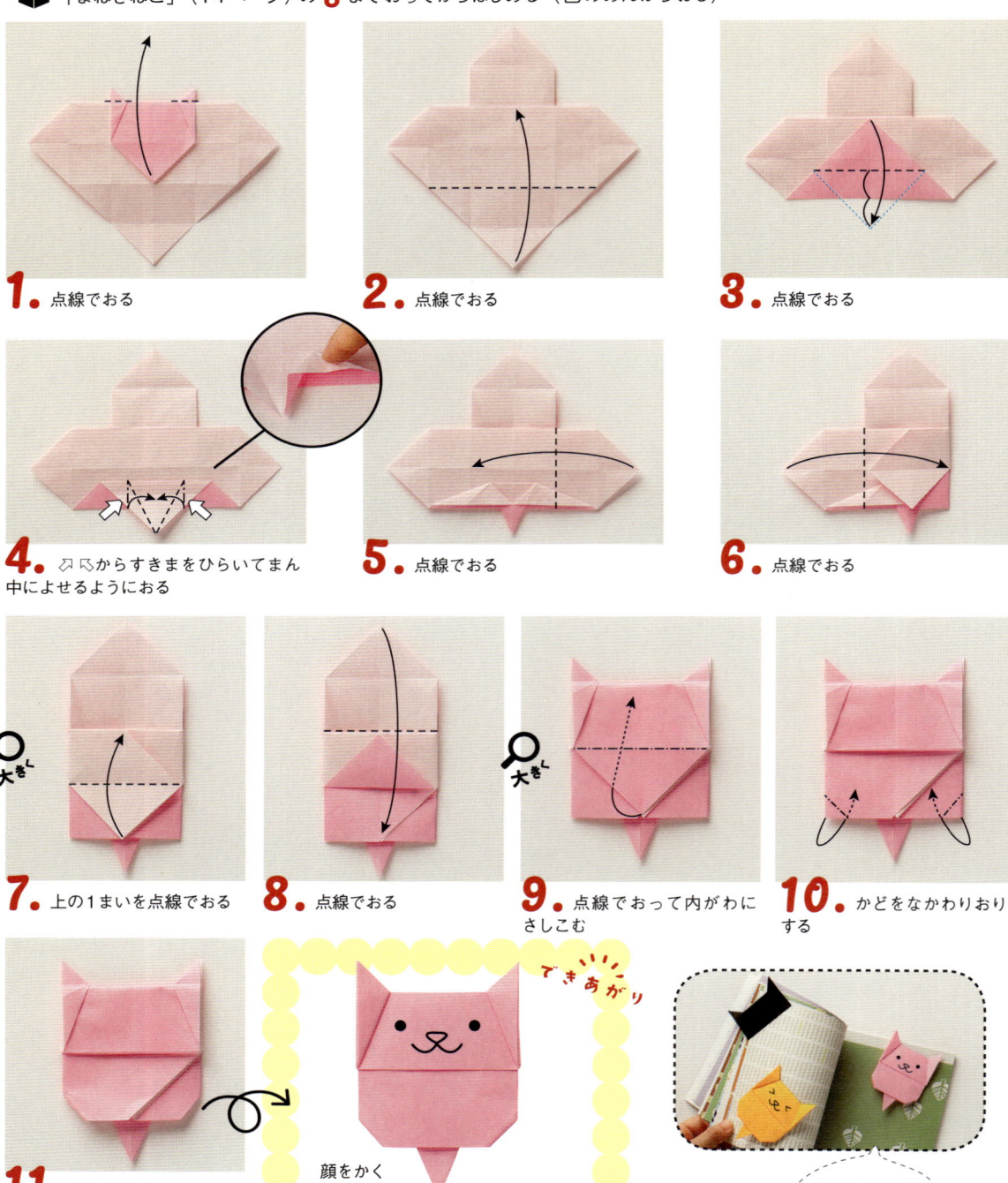

1. 点線でおる

2. 点線でおる

3. 点線でおる

4. ⤴⤵からすきまをひらいてまん中によせるようにおる

5. 点線でおる

6. 点線でおる

7. 上の1まいを点線でおる

8. 点線でおる

9. 点線でおって内がわにさしこむ

10. かどをなかわりおりする

11. うらがえす

顔をかく

できあがり

本やノートのかどを顔の下にさしこんでつかいます

50

プレゼント

▶p.43

▶p.43

プレゼントや
クリスマスのかざり
にかわいい

🎁 たてよこ半分におりすじをつけてからはじめる

・紙のひりつ

プレゼント

「プレゼント」の
1/4サイズの半
分

ちょうちょリボン
（P.38）

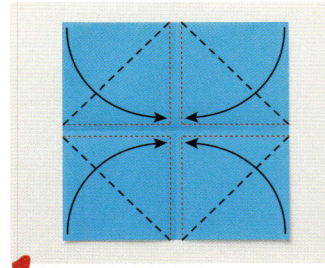

1. まん中のおりすじから少しはなし
てかどをおる

2. うらがえす

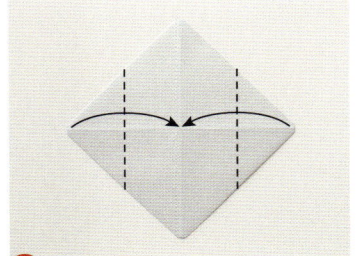

3. まん中に合わせておる

4. 点線でおる

5. うらがえす

6. 「ちょうちょリボン」（p.38）をはる

できあがり

3・4でおるひりつを
かえると、たてなが、
よこながのプレゼントも
つくれます

「母の日のギフトかざり」（43ページ）サイズ表

・ねこのしおり ……15cm×15cm

・プレゼント ……7.5cm×7.5cm

June

6月のおりがみかざり

手作りのカードでお父さんに
感謝の気持ちを伝えましょう。
梅雨の季節にぴったりの
あじさいモチーフのふたつきばこは
お菓子やアクセサリー入れに
すると素敵です。

父の日カード
How to p.54

父の日のギフトかざり
How to p.54

Thank you!

あじさいばこ
How to p.56

ひ げ
▶p.52

かそうにもつかえる
かあいいおひげ
です

■ おりがみを半分に切ってたてよこ半分におりすじをつけてからはじめる

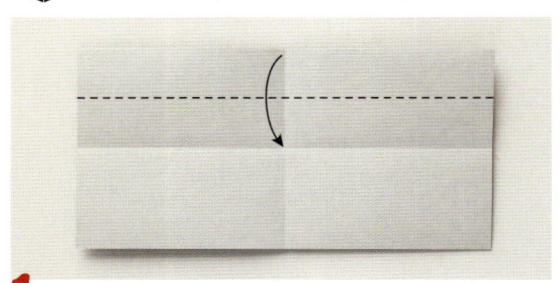

1. まん中に合わせておる

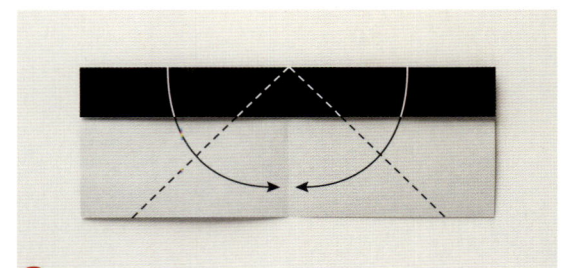

2. 紙のはしをまん中に合わせておる

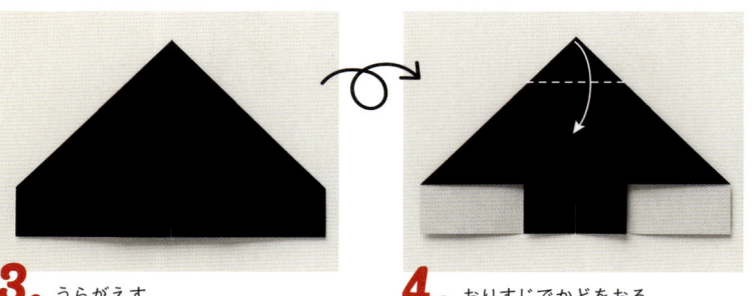

3. うらがえす

4. おりすじでかどをおる

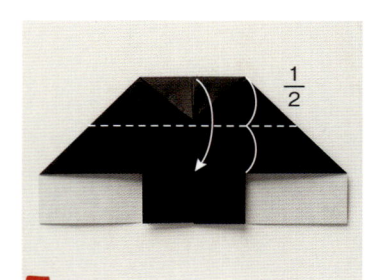

5. 点線でおる

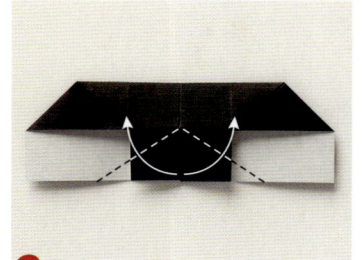

6. ななめにおる

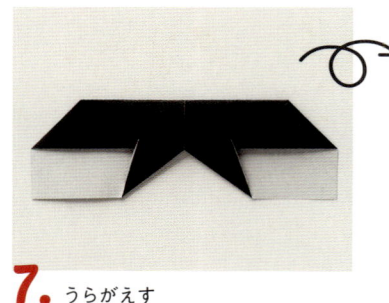

7. うらがえす

できあがり

「父の日カード」「父の日のギフトかざり」（52ページ）サイズ表

- ハット ……………………… 7.5cm×7.5cm
- ひげ ………………………… 3.5cm×7cm
- （カードの）バラ (p.48) …… 9cm×9cm
- （ギフトの）バラ (p.48) 大 …15cm×15cm
  - 小 …12cm×12cm

ぼうし
▶p.52

いろんな形に
アレンジできる！

{ とんがりぼうし } 「つるの基本形」（9ページ）9までおってからはじめる

1. ぜんぶひらく

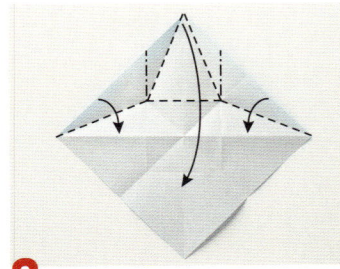

2. 点線でおってたたむ

3. たたんでいるところ

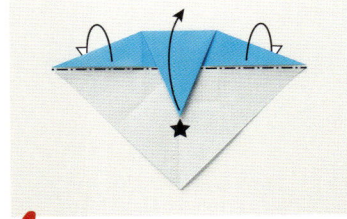

4. 点線で後ろへおって★のかどを
ぐるりと上に回す

5. かどを○に合わせておる

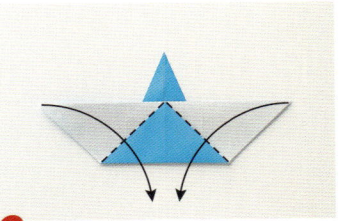

6. 点線でおってたたむ

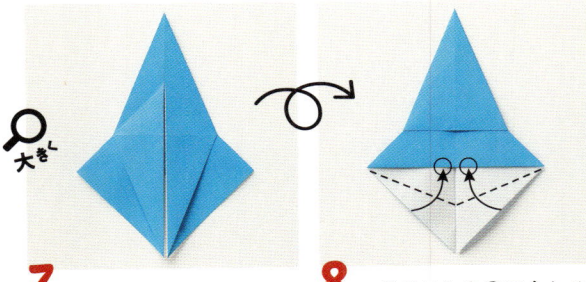

7. うらがえす

8. 紙のはしを○に合わせ
ておる

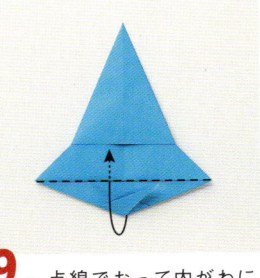

9. 点線でおって内がわに
さしこむ

できあがり

{ ハット } 「とんがりぼうし」のできあがりからはじめる

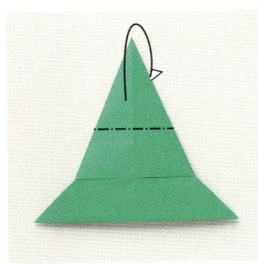

できあがり

点線で後ろにおる

{ えんぼうし } 「ハット」のできあがりからはじめる

できあがり

点線で後ろにおる

あじさいばこ
▶p.53

小もの入れにも、
つゆのきせつの
かざりにも

{ 花かざり }　「にそうぶねの基本形」（10ページ）からはじめる

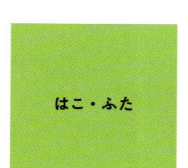

・紙のひりつ

はこ・ふた

「はこ・ふた」の
1/4サイズ

花かざり

1. すきまをひらく

2. ふくろをひらいて四角につぶす

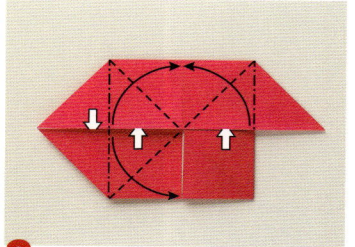

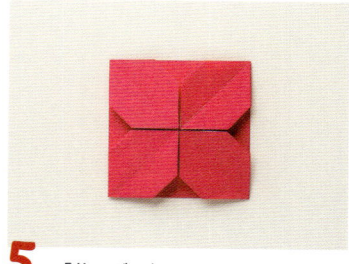

3. ほかの3かしょも**1〜2**と同じようにおる

4. かどを後ろへおる

5. 「花かざり」のできあがり

{ 組み立て方 }

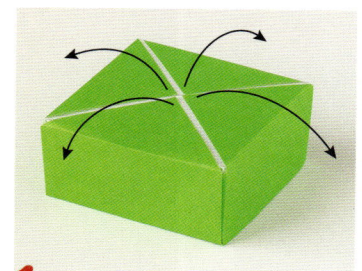

1. 「ふた」の上をひらく

2. 「ふた」のまん中に「花かざり」をおき、「ふた」のかどをさしこむ

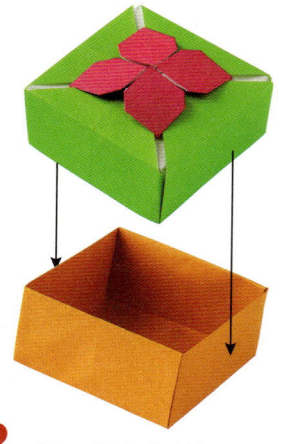

3. 「はこ（ますばこ）」(p.25)に「ふた」をかぶせる

できあがり

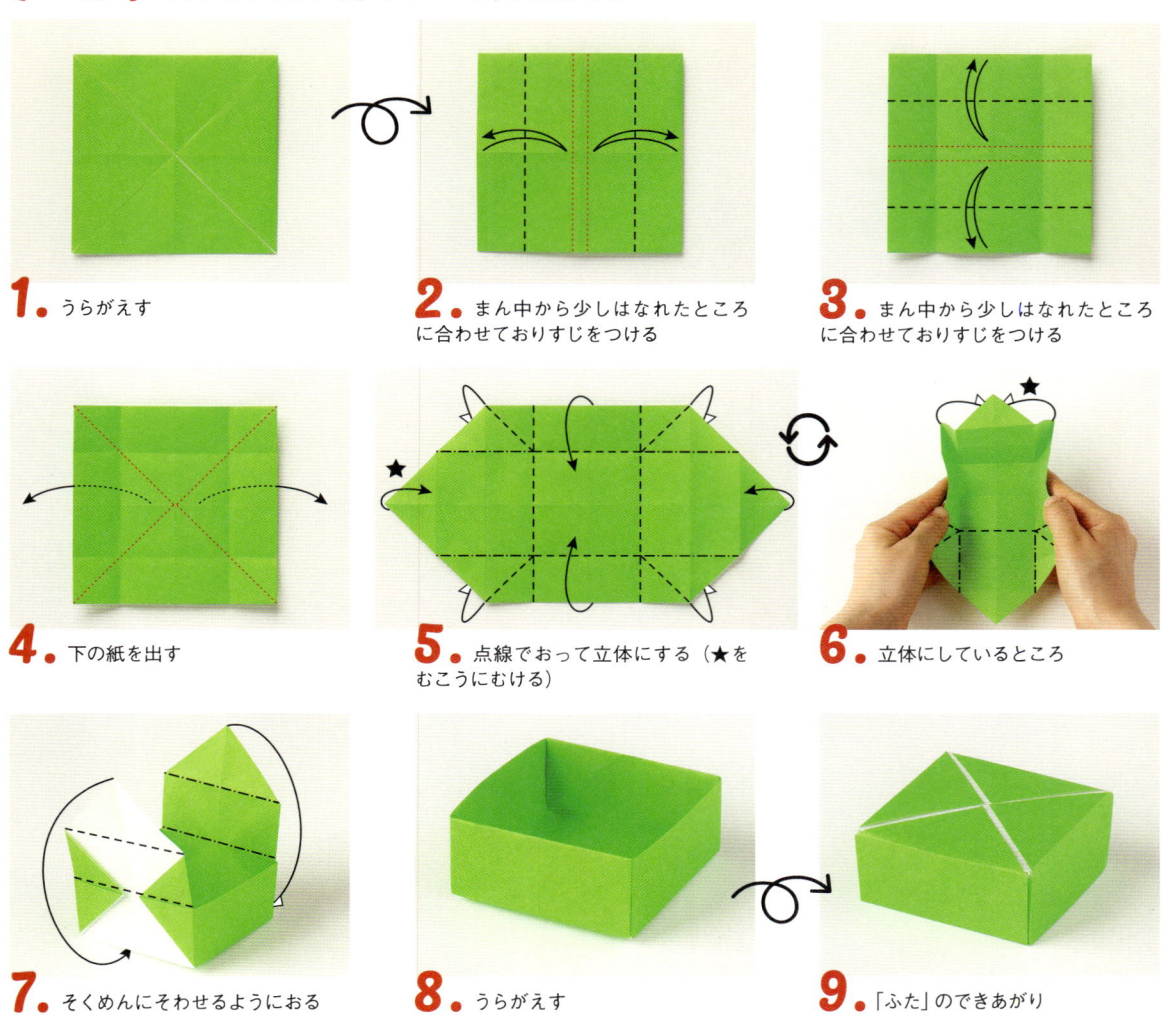

1. うらがえす

2. まん中から少しはなれたところに合わせておりすじをつける

3. まん中から少しはなれたところに合わせておりすじをつける

4. 下の紙を出す

5. 点線でおって立体にする（★をむこうにむける）

6. 立体にしているところ

7. そくめんにそわせるようにおる

8. うらがえす

9. 「ふた」のできあがり

へいめんの「あじさい」のつくり方

リースやカードのかざりに！

できあがり

・紙のひりつ

花

おりがみの1/4サイズ

| はっぱ | 花の1/4サイズ |

「はっぱ」のつくり方は「ひまわり」の「はっぱ」（73ページ）

「プレゼント」(p.51)の**2**までおってからはじめる（白いめんから）

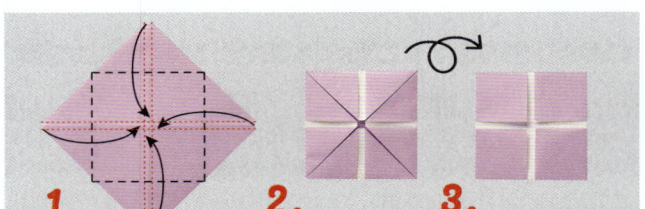

1. **2.** **3.**

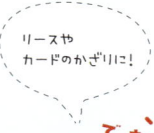

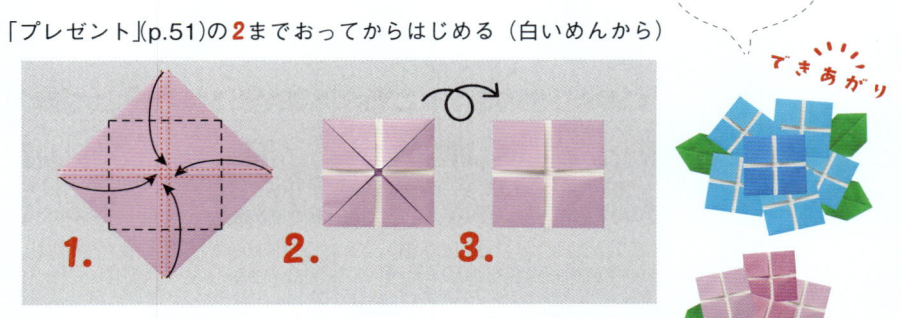

1. まん中を少しあけて点線でおる　**2.** うらがえす　**3.** パーツのできあがり。5〜6こつくってはりあわせ、後ろにはっぱもはる。

JULY

7月の
おりがみかざり

初夏を彩るかわいい雑貨たち。
ふだんの生活におりがみを
取り入れてみませんか？
「星いっぱいの七夕かざり」は千羽鶴の
代わりとして使っても。

Milkyway

星いっぱいの七夕かざり
How to p.65

58

コースター
How to p.62

How to p.62

さいきんは
お盆にもお年玉が
もらえるみたい!?

お盆のぽちぶくろ
How to p.63

How to p.63

あさがお

▶p.59

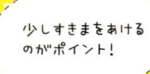
少しすきまをあける
のがポイント！

{ 花 } 「正方基本形」（9ページ）からはじめる

・紙のひりつ

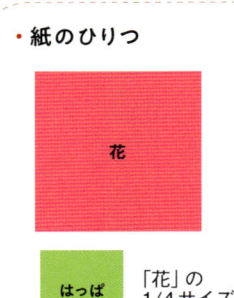

花

はっぱ　「花」の
1/4サイズ

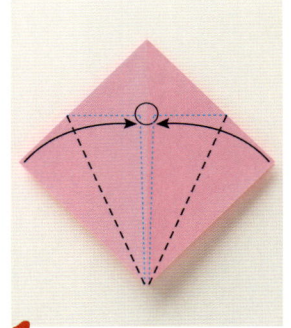

1. 中心から少しはなしておる

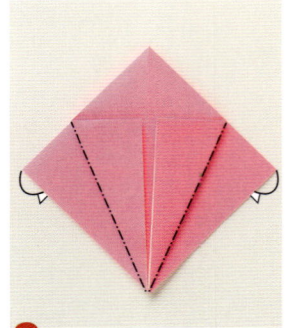

2. うらも同じようにおる

3. 1の形までひらく

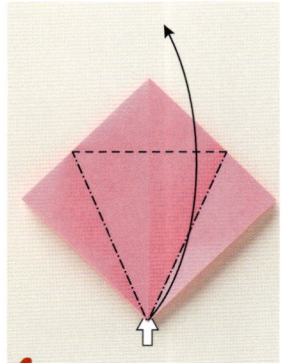

4. ↑からふくろをひらいて
つぶす

5. うらも4と同じようにふ
くろをひらいてつぶす

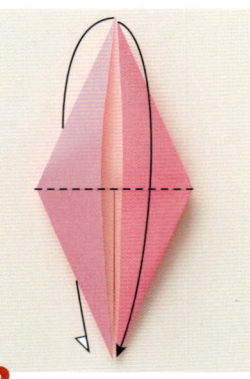

6. 点線でかどをおり下げ
る。うらも同じ

7. かどを○に合わせておりす
じをつける

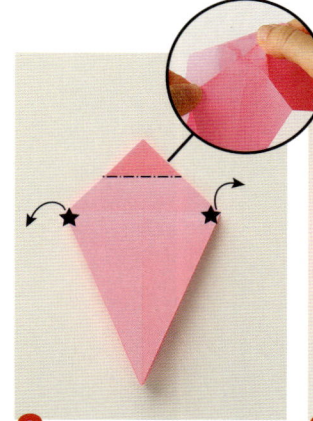

8. ★をつまんで外がわに
引っぱり、上のかどを四角くた
いらにする

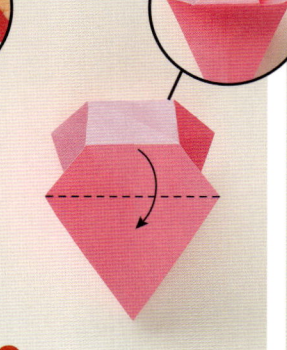

9. 点線でおって四角のぶぶ
んを手前にたおす

10. いちばん後ろの紙を
上にたおす

11. うらがえす（61ページ
上へつづく）

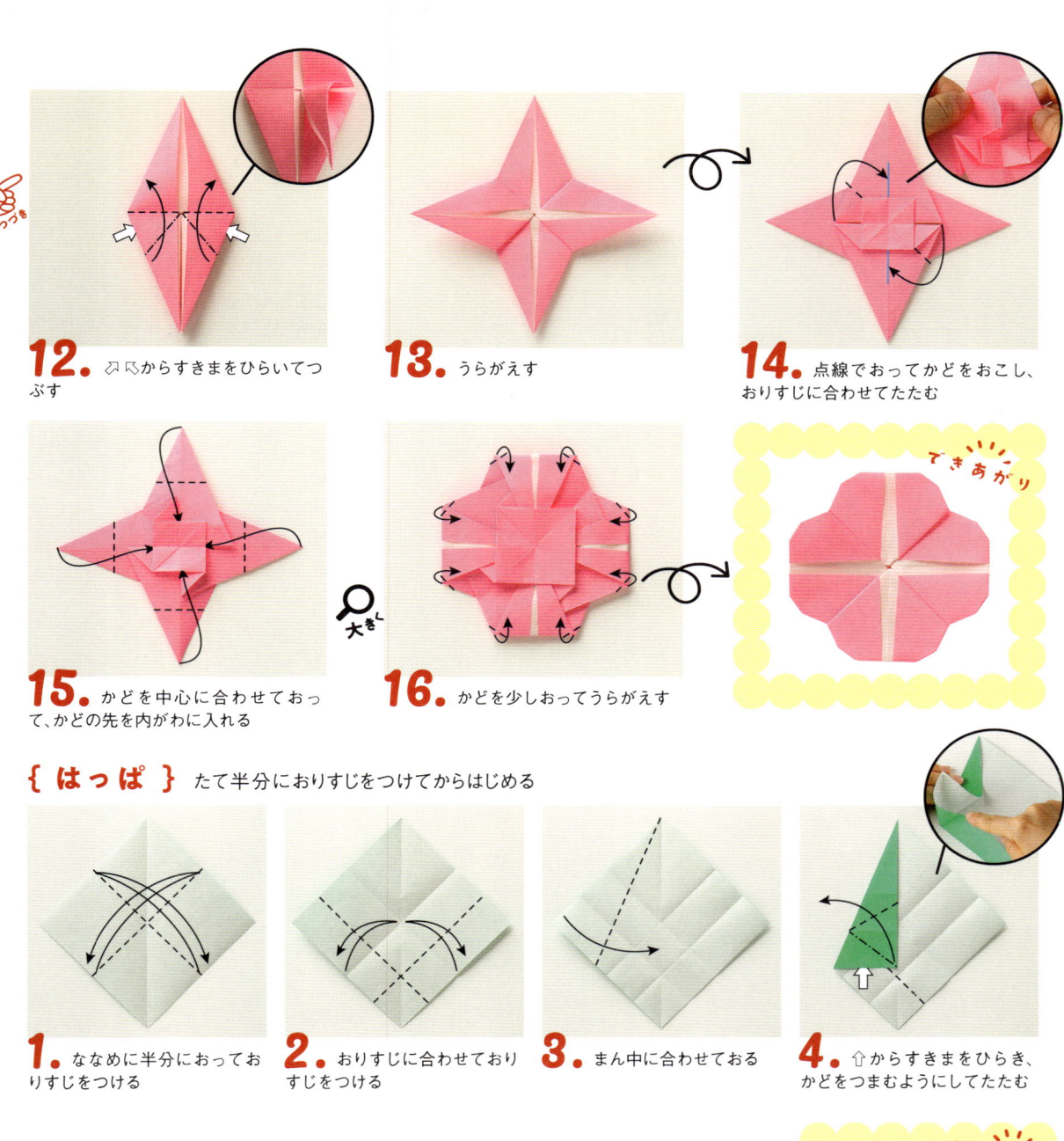

12. ⇧⇩からすきまをひらいてつぶす

13. うらがえす

14. 点線でおってかどをおこし、おりすじに合わせてたたむ

15. かどを中心に合わせておって、かどの先を内がわに入れる

16. かどを少しおってうらがえす

大きく

できあがり

{ はっぱ }　たて半分におりすじをつけてからはじめる

1. ななめに半分におっておりすじをつける

2. おりすじに合わせておりすじをつける

3. まん中に合わせておる

4. ⇧からすきまをひらき、かどをつまむようにしてたたむ

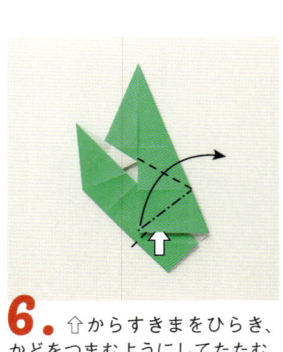

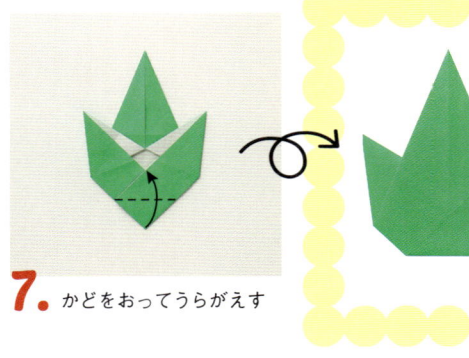

5. まん中に合わせておる

6. ⇧からすきまをひらき、かどをつまむようにしてたたむ

7. かどをおってうらがえす

できあがり

ピーコック
▶p.59

コースターにも
かわいいかざりにも
なります！

{ パーツ } 「たこの基本形」（10ページ）からはじめる

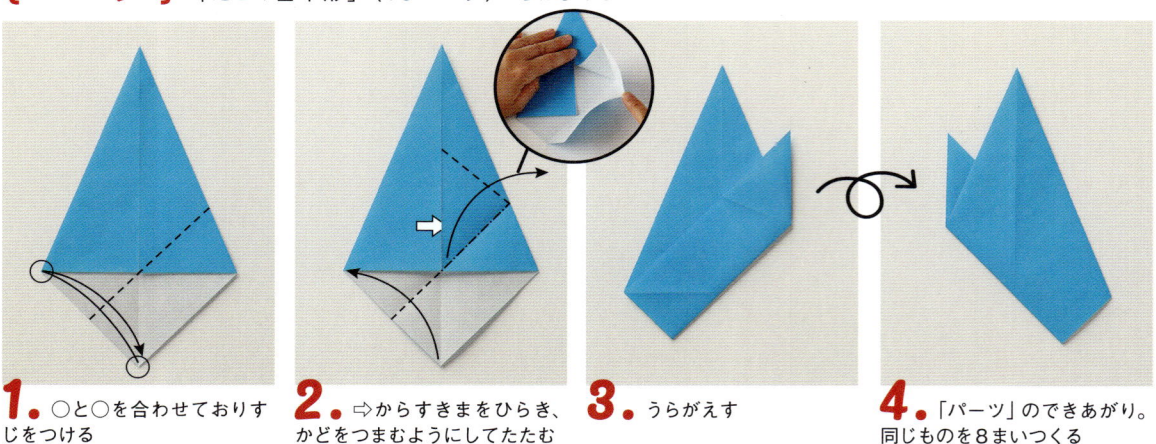

1. ○と○を合わせておりす
じをつける

2. ⇨からすきまをひらき、
かどをつまむようにしてたたむ

3. うらがえす

4. 「パーツ」のできあがり。
同じものを8まいつくる

{ 組み立て方 }

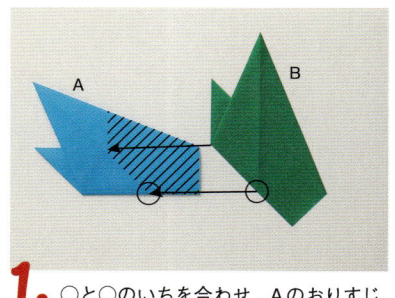

1. ○と○のいちを合わせ、Aのおりすじ
とBの紙のふちを合わせてのりづけする

2. 同じようにして4まいのりづけする

3. ななめ線のところを青のパーツ
の下に入れる

できあがり

「コースター」
（59ページ）サイズ表

・ピーコック ……… 6cm×6cm

4. のこりの2まいも **2〜3** と同じ
ようにのりづけする

シンプルふうとう
▶p.59

小さな花や
リボンをはって
かわいくかざって！

🧊 「たこの基本形」（10ページ）からはじめる

1. かどと○を合わせて、点線ぶぶん
だけにおりすじをつける

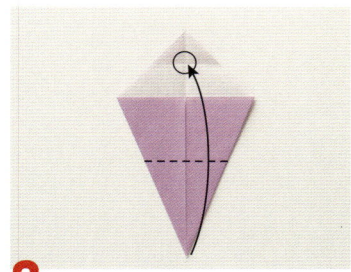

2. かどを○にあわせておる

🔍 大きく

3. 点線でおってかどを内がわに入
れる

4. かどと○を合わせて、点線ぶぶん
だけにおりすじをつける

5. かどと○を合わせておりすじを
つける

6. 点線でなかわりおりをする

7. 紙のふちから少し上でおる

できあがり

「**お盆のぽちぶくろ**」（59ページ）**サイズ表**

- ・シンプルふうとう ………… 15cm×15cm
- ・あさがお・花 (p.60) ………… 7.5cm×7.5cm
- ・はっぱ (p.61) …… 4cm×4cm
- ・ちょうちょリボン (p.38) …… 4cm×8cm

3Dスター（伝承作品）
▶p.58

コロコロふっくら、キュートなお星さま

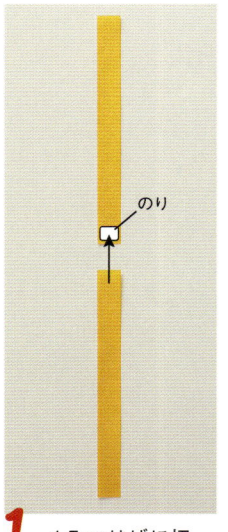

1. 1.5cmはばに切ったおりがみ2まいを少しかさねてのりづけする

のり

2. 先をひねって＋の形にかさねる

3. やじるしのようにわっかの中をとおす

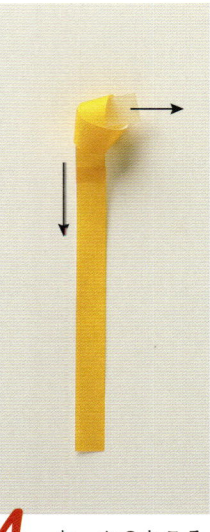

4. わっかのところをたるみがなくなるまで引きしめてたたむ

5. はみ出しているぶぶんをおって、五角形のベースをつくる

6. 五角形の形に合わせて後ろへおる

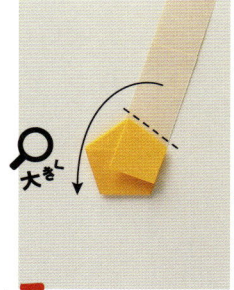

7. 五角形のふちをつつむようにおる

8. 五角形のふちをつつむように後ろへおる

9. 五角形のふちをつつむようにおる

10. のこりがみじかくなるまで同じようにおっていく

11. さいごはすきまにさしこむ

12. ゆびでつまむようにして、星をふくらませる

できあがり

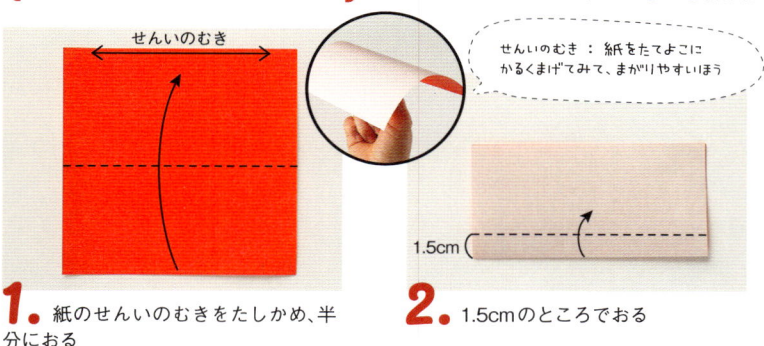
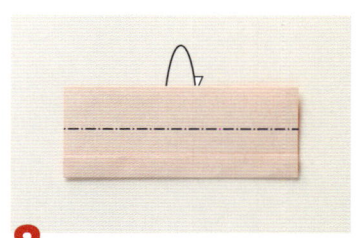

せんいのむき

せんいのむき ： 紙をたてよこに
かるくまげてみて、まがりやすいほう

1. 紙のせんいのむきをたしかめ、半分におる

2. 1.5cmのところでおる

1.5cm

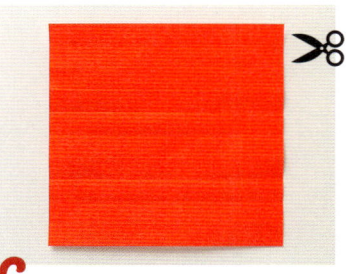

3. 後ろへ半分におる

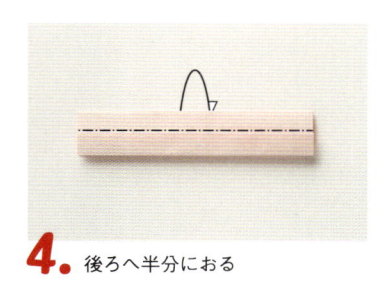

4. 後ろへ半分におる

5. ぜんぶひらく

6. 「10とうぶん」のできあがり。おりすじで切ると紙テープになる

「星いっぱいの七夕かざり」のつくり方

〈ひつようなもの〉

・糸（レース糸など
　やや太めのもの）
　30cm × 6本
・長めのはり
・3Dスター　35こ
　（7色 × 5こ）
・つる　p.77
　（15cm × 15cm）

1. はりに糸をとおし、糸のはしを2じゅうの玉むすびにしておく

2. 「3Dスター」にとおしてつなげる

3. 同じものを5本つくる

できあがり

4. さいごの1本の糸を半分にかさねてはりにとおす

5. 「つる」の下からせなかに糸をとおす（はりはぬく）

6. 「3Dスター」の糸5本と、「つる」の糸をいっしょにむすび、よぶんな糸を切る

August

8月のおりがみかざり

いろいろなモチーフをうちわに貼って夏らしいかざりにしましょう。
涼しさを運んでくれそうなペンギンボックスは
大きさ違いで並べると親子みたいでとってもかわいい!

ペンギンボックス
How to **p.70**

暑中見舞いはがき
How to **p.73**

ヨヨイ / E ！

うちわのかざり

How to p.69

きものガール

▶p.67

ツインテールの
かわいい女の子です。
お正月にも！

■ たてよこ半分におりすじをつけてからはじめる

1. まん中に合わせておる

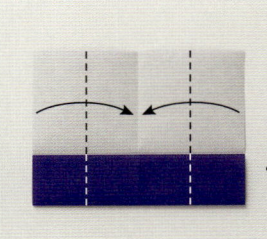

2. まん中に合わせておる

3. うらがえす

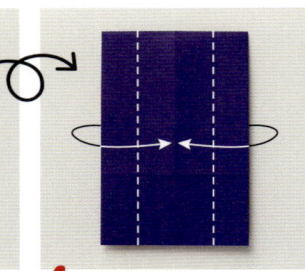

4. 下の紙を出しながらまん中に合わせておる

5. うらがえす

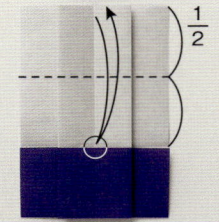

6. ○に合わせておりすじをつける

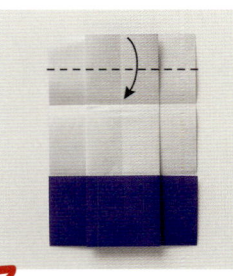

7. おりすじに合わせておる

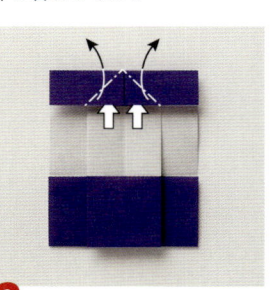

8. ⬆から上のすきまを広げてたたむ

9. ○とかどをむすぶ線でおる

10. 点線でおる

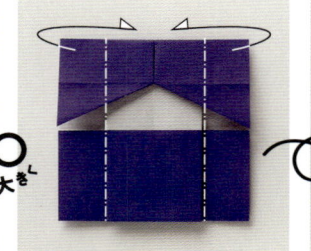

11. 下の紙と同じはばで後ろへおってうらがえす

12. ⇨⇦からすきまを広げてたたむ

13. 点線でおる

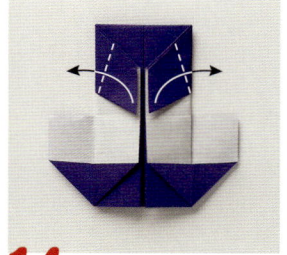

14. ななめにおる

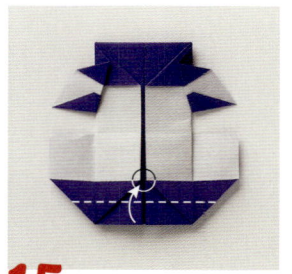

15. ○に合わせておる

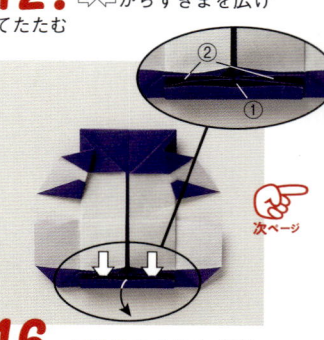

16. 2番目のすきま（②）を広げてたたむ（69ページへつづく）

次ページ

すいか
▶p.66

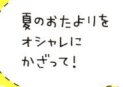
夏のおたよりを
オシャレに
かざって！

・紙のひりつ

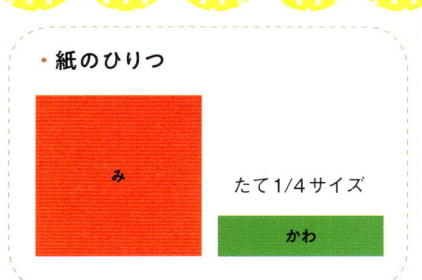

み

たて1/4サイズ

かわ

{かわ} 「かわ」から先につくる

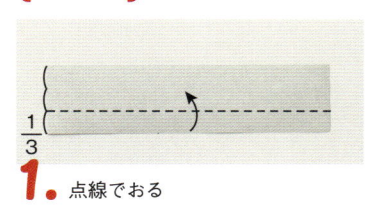

1. 点線でおる

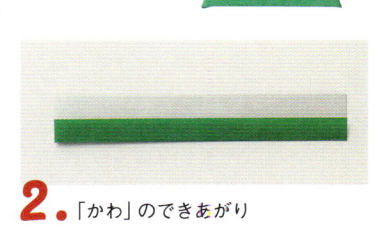

2. 「かわ」のできあがり

{み} たてよこ半分におりすじをつけてからはじめる

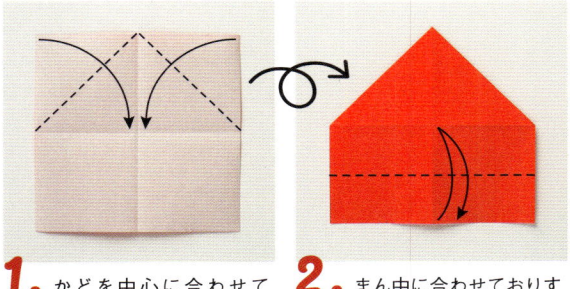

1. かどを中心に合わせて
おってうらがえす

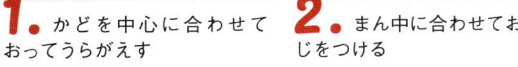

2. まん中に合わせておりす
じをつける

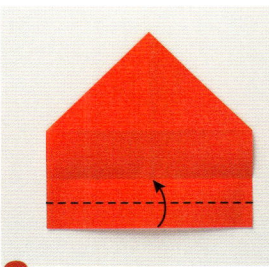

3. おりすじに合わせておる

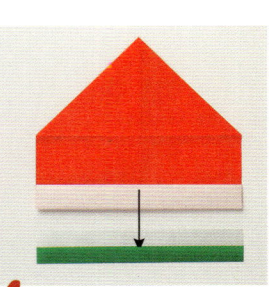

4. 「かわ」のすきまに「み」
をさしこむ

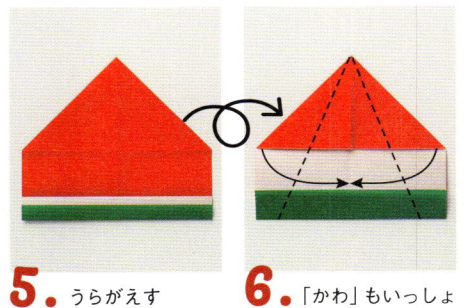

5. うらがえす

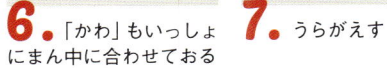

6. 「かわ」もいっしょ
にまん中に合わせておる

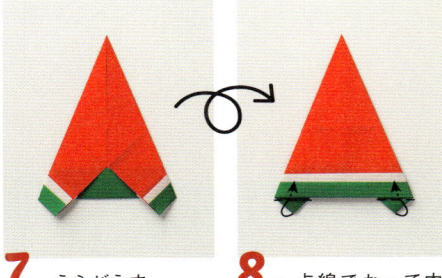

7. うらがえす

8. 点線でおって内
がわにさしこむ

できあがり

たねをかく

17. 角をおってうらがえす

顔をかいて、おびの紙をはる

できあがり

「うちわのかざり」（67ページ）サイズ表

- きものガール … 15cm×15cm
  おび ……… 1.3cm×3.8cm
- ピーコック（p.62）
  大 …… 5cm×5cm
  小 …… 4cm×4cm

つづき

ペンギンボックス

▶p.66

羽やしっぽも
ついていて
とってもかわいい!

🔲 「ざぶとんの基本形」（11ページ）からはじめる

1. まん中に合わせておりすじをつける

2. ぜんぶひらく

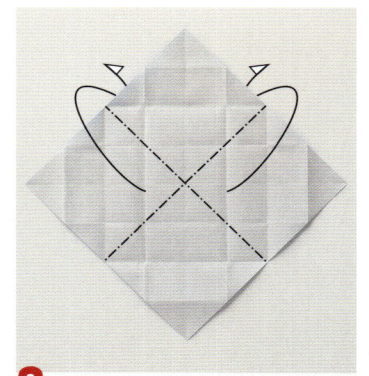

3. 後ろへななめに半分におっておりすじをつける

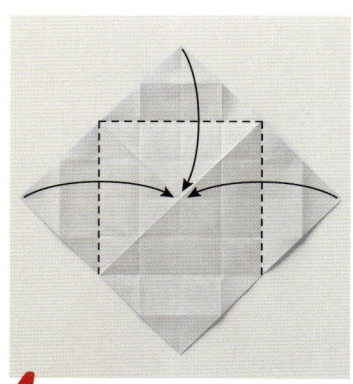

4. 中心に合わせておる

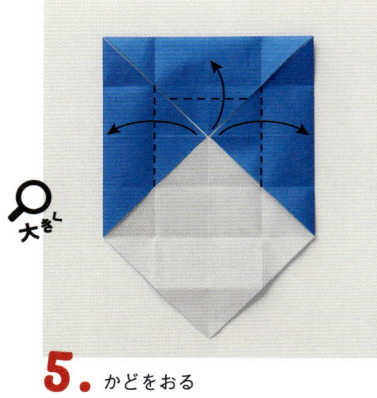

大きく

5. かどをおる

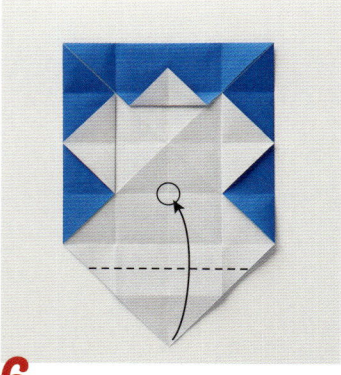

6. かどを○に合わせておる

7. ★のかどをつまむようにして点線でおり、立体になるようにおる

こちらから見る

大きく

8. ひっくりかえして○を下にむけ、★のほうから見る

次ページ

9. 紙のはしをおりすじに合わせておりすじをつける（71ページ上へつづく）

10. ⇩からすきまをひらく。**11** は下から見たところ

こちらから見る

大きく

11. かどをだんおりしてはこを立体にする。左も同じ

12. かどを内がわにおる

13. むきをかえて、★を手前にむける

14. かどをまん中に合わせておる

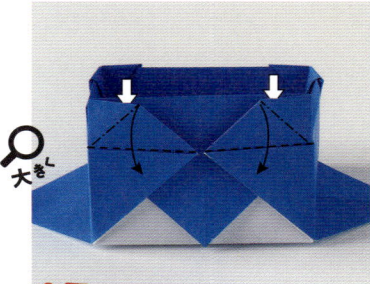

大きく

15. ⇩からかどのすきまをひらいており下げる

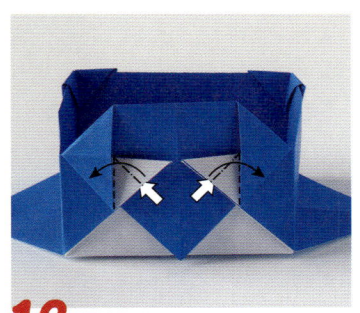

16. ⇘⇙からふくろをひらいて四角につぶす

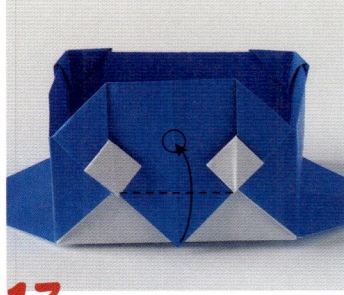

17. かどを○に合わせておる

18. かどを○に合わせておる

できあがり

目をかく

「ペンギンボックス」(66 ページ) サイズ表

・大 …… 15cm × 15cm
・小 …… 12cm × 12cm

ひまわり

▶p.66

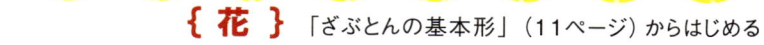
夏の花といえば
やっぱりひまわり!
ですね

{ 花 } 「ざぶとんの基本形」（11ページ）からはじめる

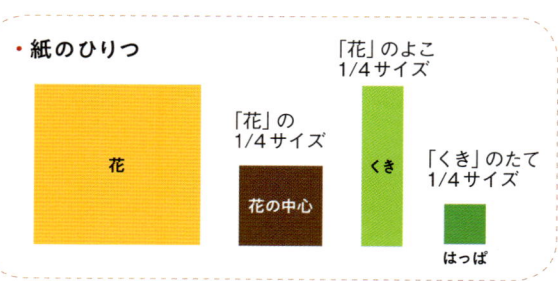

・紙のひりつ

花

「花」の
1/4サイズ

花の中心

「花」のよこ
1/4サイズ

くき

「くき」のたて
1/4サイズ

はっぱ

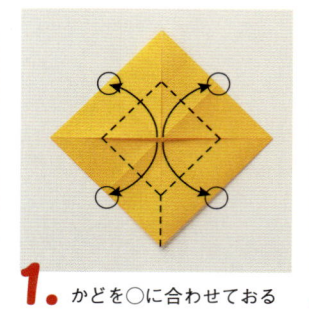

1. かどを○に合わせておる

2. ぜんぶひらく

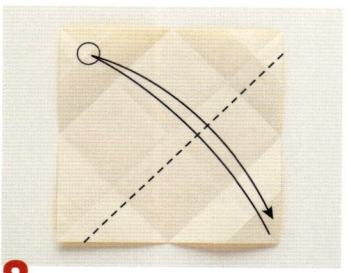

3. かどを○に合わせておりすじを
つける

4. ほかの3かしょも**3**と同じように
おる

5. ○と○を合わせて、点線ぶぶんだ
けにおりすじをつける

6. ほかの3かしょも**5**と同じように
おる

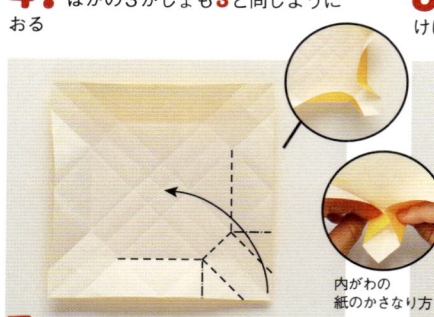

内がわの
紙のかさなり方

7. おりすじをつかってたたむ

8. ほかの3かしょも**7**と同じように
おる

大きく

9. うらがえす

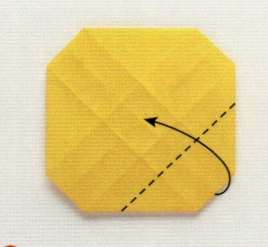

10. 紙のはしをまん中に合わせて
おりながら下の紙を出す

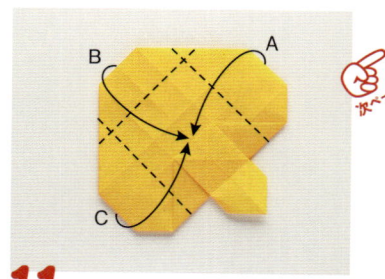

次ページ

11. ABCのじゅんに、**10**と同じよ
うにおる（73ページ上へつづく）

12. 11 でおった C をいったんひらく

13. すきまをひらいて○のかどを内がわにおりかえる

14. うらがえす

15. かどを○に合わせておる

16. かどをおる

17. うらがえす

18. 「花の中心」として「丸の形」(11ページ)をつくってはる

19. 「花」のできあがり

{ はっぱ・くき }

たて半分におりすじをつけてからはじめる

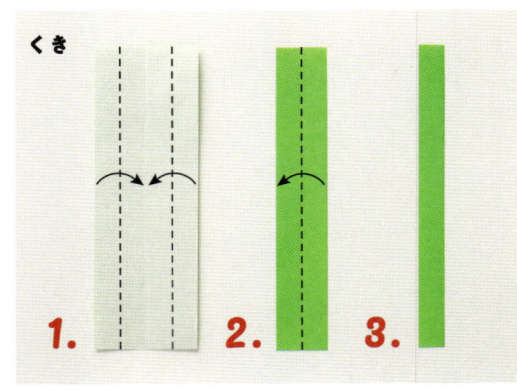

くき

1. **2.** **3.**

1. まん中に合わせておる
2. 半分におる
3. 「くき」のできあがり

できあがり

はっぱ

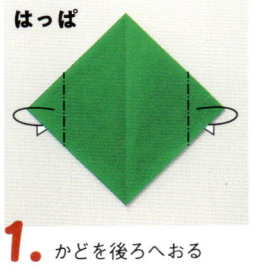

1. かどを後ろへおる

2. 「はっぱ」のできあがり

「暑中見舞いはがき」（66 ページ）サイズ表

・すいか (p.69)	3.5cm × 3.5cm
・ひまわり・花	12cm × 12cm
花の中心	6cm × 6cm
くき	3cm × 12cm
はっぱ	3cm × 3cm

September

9月のおりがみかざり

ふくろうは「福老」として敬老の日のかざりにぴったり！
贈り物にはメッセージカードをそえて。
「うさぎのはしぶくろ」はお月見のお供にいいですね。

ho-
ho-

ho-
ho-
ho-

敬老の日のミニかざり
How to p.77

ハートつるのメッセージカード
How to **p.79**

うさぎのはしぶくろ
How to **p.78**

ふくろう

▶p.74

🔷 「つるの基本形」（9ページ）からはじめる

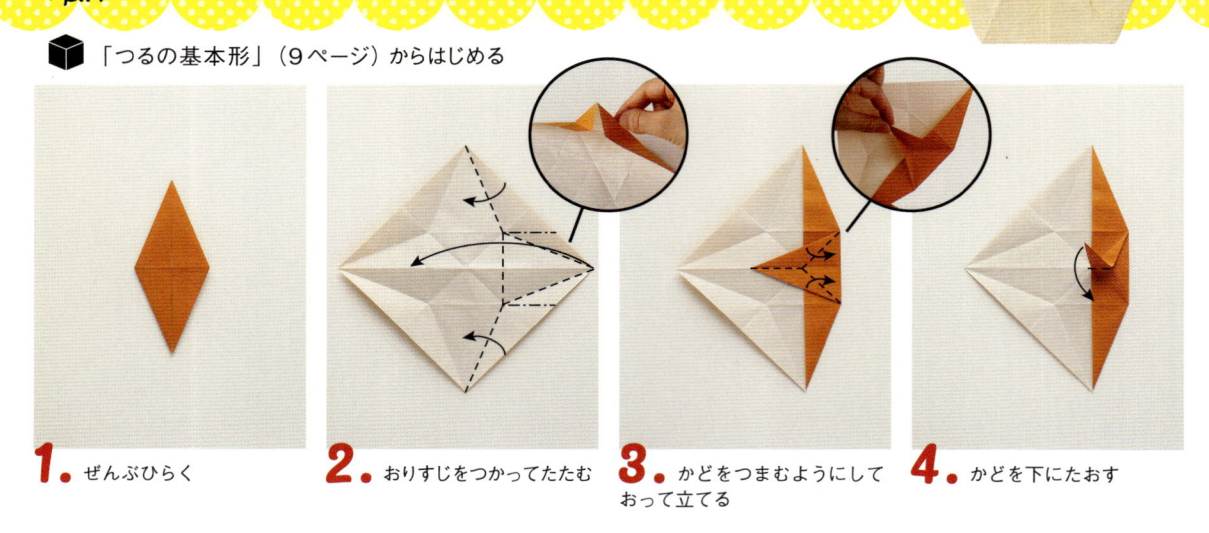

1. ぜんぶひらく

2. おりすじをつかってたたむ

3. かどをつまむようにしておって立てる

4. かどを下にたおす

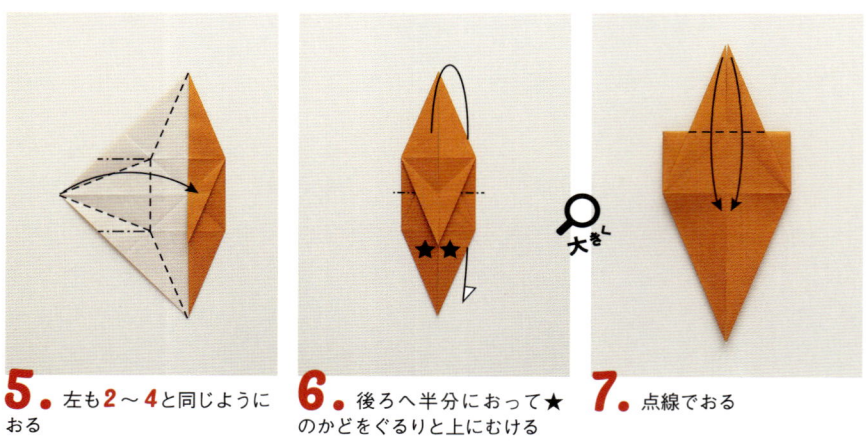
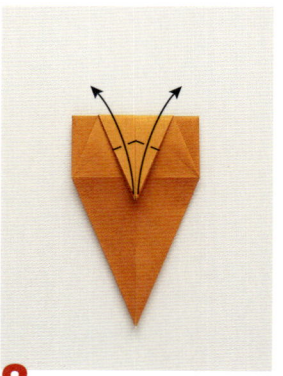

5. 左も**2〜4**と同じようにおる

6. 後ろへ半分におって★のかどをぐるりと上にむける

7. 点線でおる

8. ななめにおる

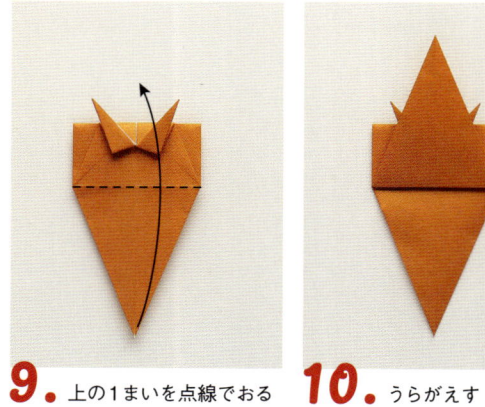
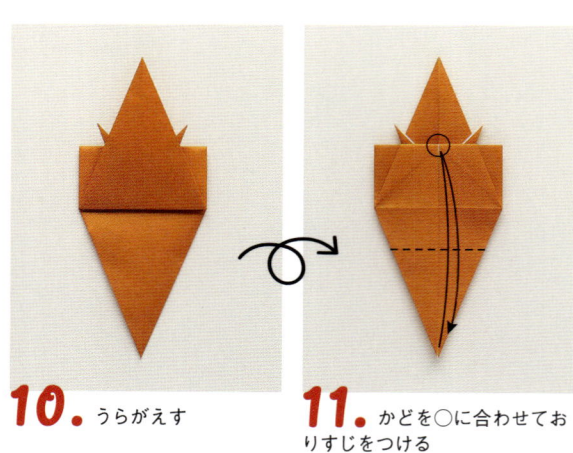

9. 上の1まいを点線でおる

10. うらがえす

11. かどを○に合わせておりすじをつける

12. ⇨⇦からすきまをひらいて点線でおり、かどを○にむけてたたむ（77ページへつづく）

つる（伝承作品）

▶p.75

紙のもようで、古風にもポップにも

🔲「つるの基本形」（9ページ）からはじめる

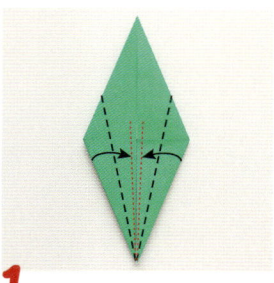

1. まん中から少しはなしたところに合わせておる。うらも同じようにおる

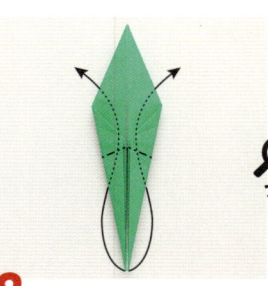

2. 点線でなかわりおりをする

🔍大きく

3. 点線でなかわりおりをする

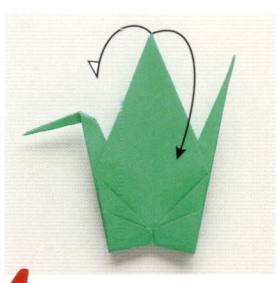

4. 羽を広げるようにしてせなかを少しつぶす

できあがり

｛へいめん用のおり方｝

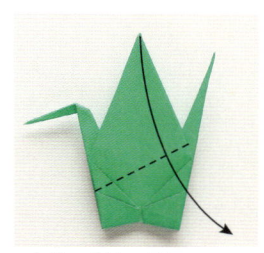

点線で手前の紙をおる

できあがり

👆つづき

🔍大きく

13. かどを少しおる

14. 点線でおってかどを内がわに入れる

15. 紙のはしに合わせて後ろへおる

16. 紙のはしに合わせて後ろへおる

できあがり

目をかく

「敬老の日のミニかざり」（74ページ）サイズ表

- ・ふくろう
  ……15cm×15cm
- ・シンプルリース（p.127）
  ……7.5cm×7.5cm

うさぎのはしぶくろ

▶p.75

かわいいうさぎの顔がついています！

◼ ななめに半分におりすじをつけてからはじめる

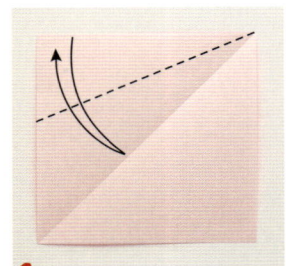

1. まん中に合わせておりすじをつける

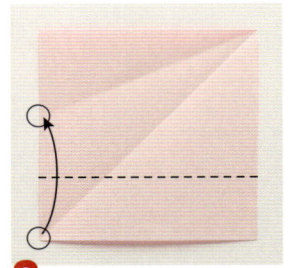

2. ○と○を合わせて点線でおる

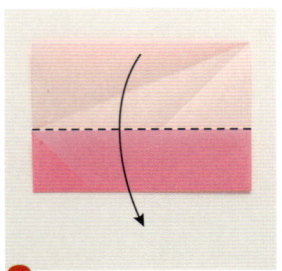

3. 点線でおる

4. 下の紙のはしにそうようにおる

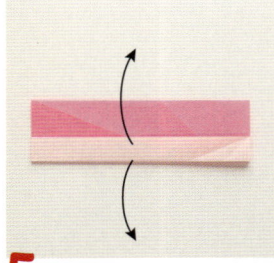

5. ぜんぶひらく

6. おりすじのところでおる

7. かどをおりすじに合わせておる

8. 点線でおる

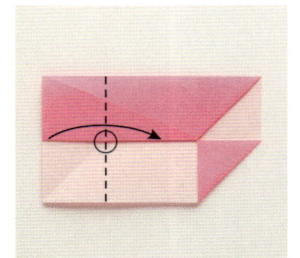

9. おりすじがまじわる○のいちでおる

10. 点線でおる

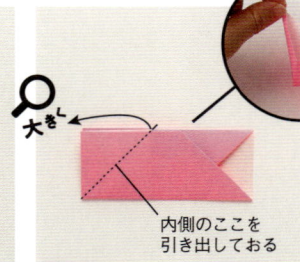

大きく

内側のここを引き出しておる

11. 内がわのかどを左に引き出してつぶす

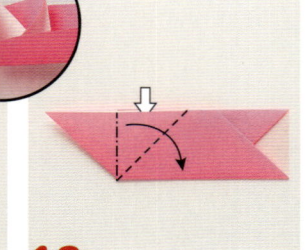

12. ⇩からふくろをひらいて四角につぶす

13. 上の1まいを点線でおる

14. 点線で後ろへおる

少しあける

15. まん中から少しはなして点線で後ろへおる

できあがり

顔をかく

78

シャドウハートカード

▶p.75

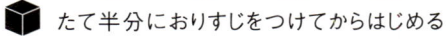

> ハートの中に大切なメッセージを♡

■ たて半分におりすじをつけてからはじめる

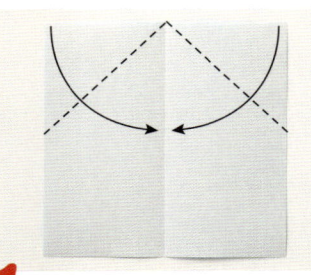

1. かどをまん中に合わせておる

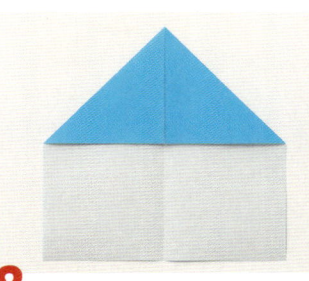

2. うらがえす

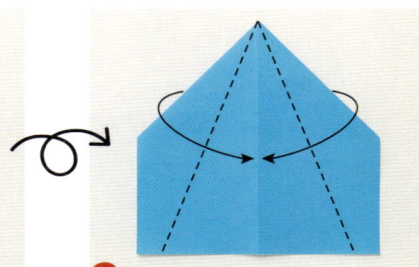

3. 紙のはしをまん中に合わせておりながら下の紙を出す

4. うらがえす

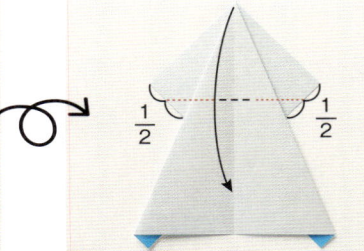

5. まん中の黒い点線のところだけをおって、かどをおり下げる

6. うらがえす

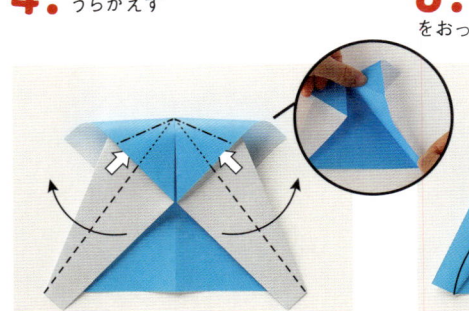

7. ◿◺からすきまをいっぱいまでひらいてつぶす

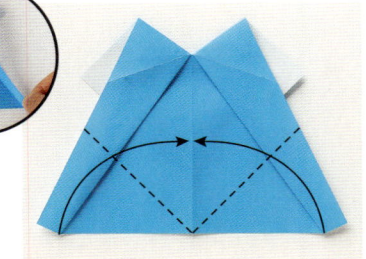

8. まん中に合わせておる

9. かどを少しずつおってうらがえす

できあがり

> ハートをめくってメッセージをかいて！

ありがとう！

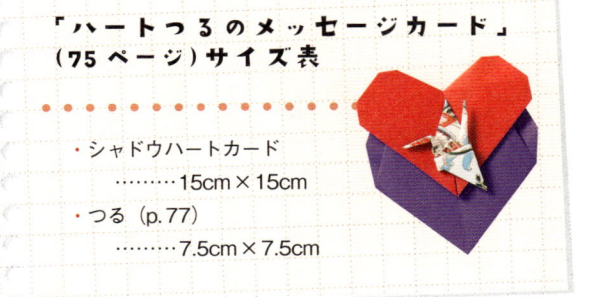

「ハートつるのメッセージカード」
（75ページ）サイズ表

・シャドウハートカード
……… 15cm×15cm
・つる（p.77）
……… 7.5cm×7.5cm

10月のおりがみかざり

ハロウィンパーティーにはいろいろなアイテムを用意したいですね。
集まったみんなでおりがみをするのも楽しそう！
手作りのプロップスでさっそく撮影会を。

ギフトバッグのかざり
How to p.85

For You♥

Happy
Halloween

かぼちゃばこ
How to p.84

プロップス
How to p.85

Trick or Treat!

かぼちゃのせおばけ
▶p.80.81

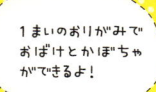

1まいのおりがみで
おばけとかぼちゃ
ができるよ！

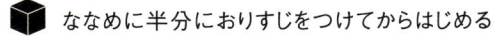 ななめに半分におりすじをつけてからはじめる

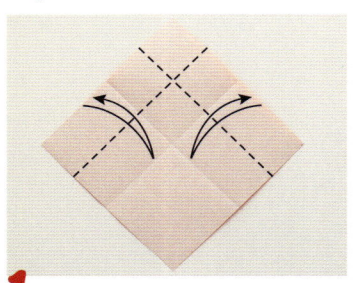

1. まん中に合わせておりすじをつける

2. 点線で後ろへおっておりすじを
つける

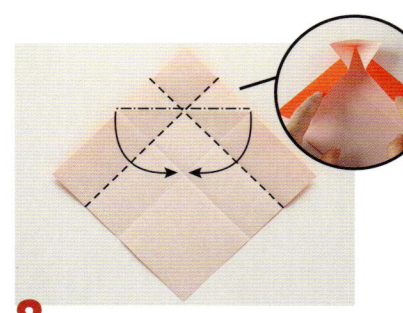

3. おりすじをつかってたたむ

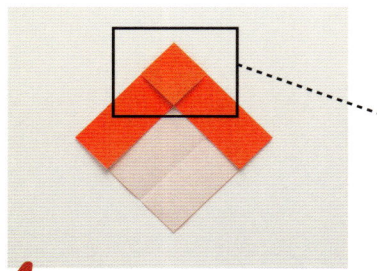

4. 5〜8はかく大図

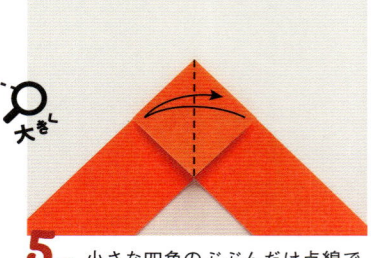

5. 小さな四角のぶぶんだけ点線で
おっておりすじをつける

6. まん中に合わせておりすじをつ
ける

7. 点線でおっておりすじをつける

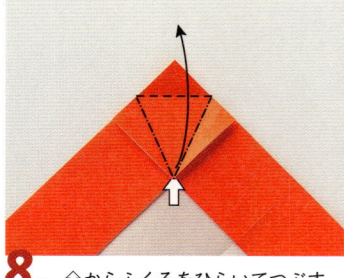

8. ⇧からふくろをひらいてつぶす

9. うらがえす

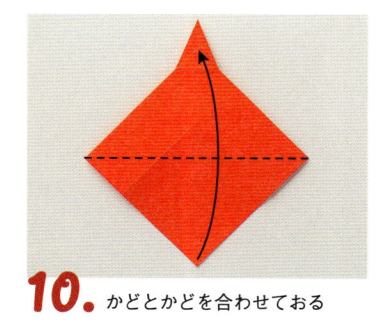

10. かどとかどを合わせておる

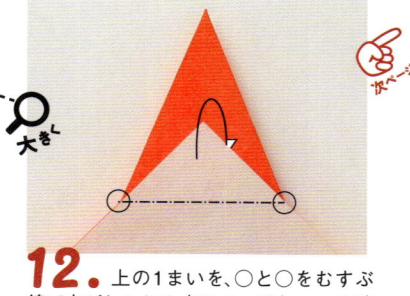

11. 12〜19はかく大図

12. 上の1まいを、○と○をむすぶ
線で内がわへおる（83ページ上へつづく）

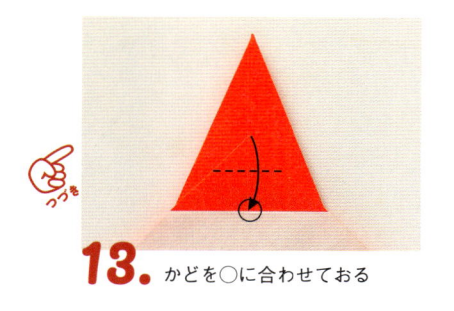

13. かどを○に合わせておる

14. 点線でおる

15. 点線で後ろへおる

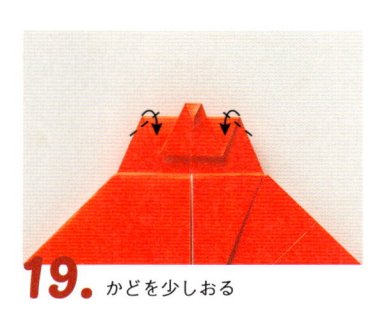

16. うらがえす

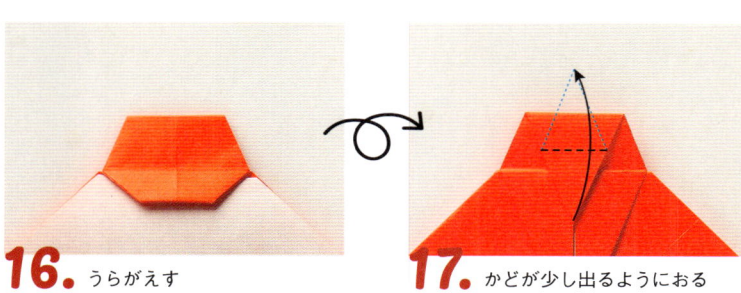

17. かどが少し出るようにおる

18. かどを少しおる

19. かどを少しおる

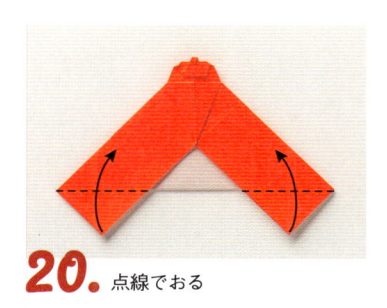

20. 点線でおる

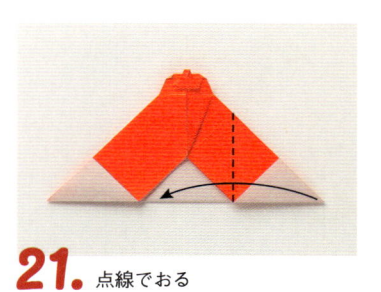

21. 点線でおる

22. 点線でおる

23. 点線で後ろへおってすきまにさしこむ

21〜24で
はんたいがわをおると、
ぎゃくむきのおばけになります

できあがり

顔をかく

24. かどを○に合わせておる

25. うらがえす

かぼちゃばこ

▶p.81

ハロウィンの
おかし入れに！

■ 「正方基本形」（9ページ）からはじめる（とじているほうを下に）

1. かどをまん中に合わせておる

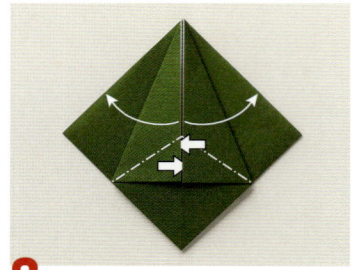

2. ⇨⇦からすきまをひらいてふくろをつぶす

3. 手前の三角形のところだけをおっておりすじをつける

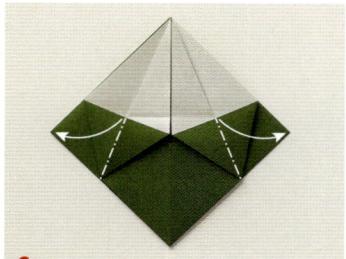

4. 1の形までもどす

5. 上の1まいのかどを○に合わせておる

6. 7～8はかく大図

7. 点線でおる

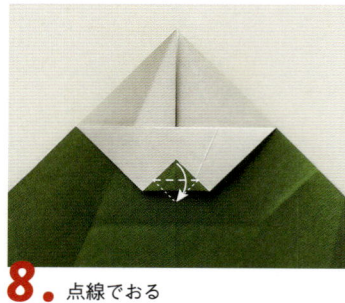

8. 点線でおる

9. 5でおったところを内がわへおりかえす

10. ⬐⬎からすきまをひらいてたたむ

11. 点線でおる

12. うらも1～11と同じようにおる（85ページ上へつづく）

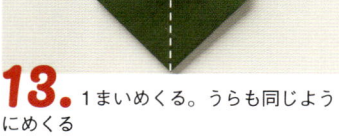

13. 1まいめくる。うらも同じように
めくる

内がわの
紙のはし

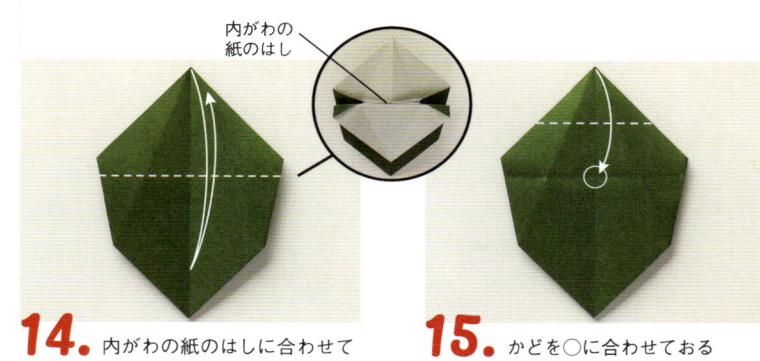
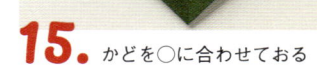

14. 内がわの紙のはしに合わせて
おっておりすじをつける

15. かどを○に合わせておる

16. 7〜9と同じようにおる

17. おりすじでおる

18. 点線でおる

19. うらも14〜18と同じように
おる

20. 点線でおっておりすじをつける

ひらく前に
顔をかいておこう!

21. ⇩から中をひらいて立体にする

できあがり

「プロップス」っていうのは、
「小どうぐ」のことだよ。
ハロウィンのかそうに
つかうと楽しいね!

「10月のおりがみかざり」(80〜81ページ) サイズ表

- かぼちゃのせおばけ (p.82) …………… 15cm×15cm
- かぼちゃばこ ……………………… 15cm×15cm
- プロップス・ひげ (p.54) …………… 7.5cm×15cm
- ちょうちょリボン (p.38) …… 7.5cm×15cm

85

11月のおりがみかざり

読書の秋は本のプレゼントに手作りのしおりを添えて。
バスケットに木の実を入れてかざれば
すてきな秋のディスプレイが完成です!

ハートとリボンのしおり
How to p.91

もみじのかざり
How to p.89

> おうちで
> もみじがりを
> しよう！

バスケット
How to p.88・91

バスケット

▶p.87

バッグには少しあつめの紙をつかうとしっかりとできあがります

｛ もち手 ｝ たて半分におりすじをつけてからはじめる

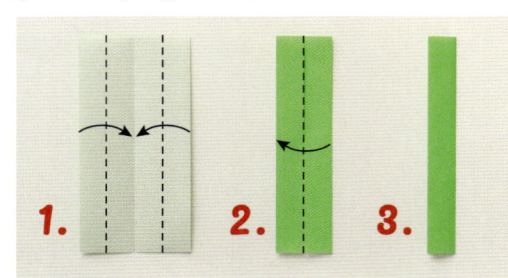

1. まん中に合わせておる
2. 半分におる
3. 「もち手」のできあがり

｛ バッグ ｝ たてよこ半分におりすじをつけてからはじめる

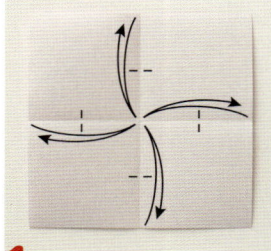

1. まん中に合わせて点線ぶんだけにおりすじをつける

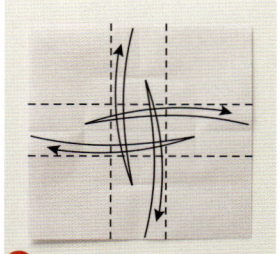

2. 紙のはしを**1**でつけたおりすじに合わせておっておりすじをつける

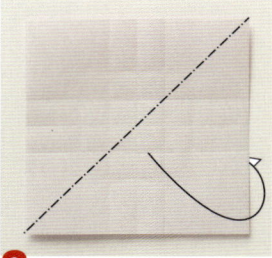

3. 後ろへ半分におる

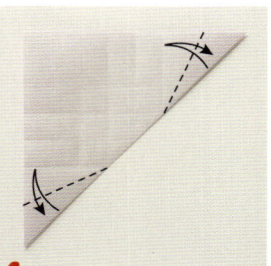

4. 紙のはしをおりすじに合わせておりすじをつける

5. 下の紙をひらく

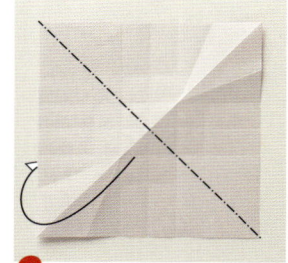

6. はんたいがわも**3**〜**5**と同じようにおる

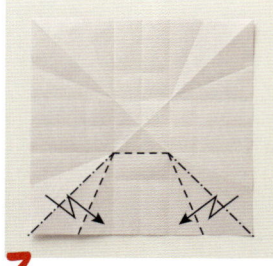

7. かどをつまんでまん中によせるようにだんおりする

8. むきをかえる（★のほうから見る）

9. 点線でおってたおす

10. 下の紙のふちにあわせて内がわにおる

11. はんたいがわも**7**〜**10**と同じようにおる

12. 「バッグ」のできあがり

・紙のひりつ

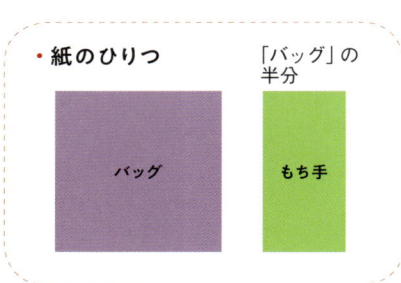

「バッグ」の半分

バッグ

もち手

もみじ

▶p.87

オレンジ色の
グラデーションで
すてきな秋のかざりに

🟦「つるの基本形」（9ページ）からはじめる

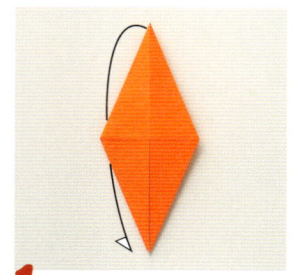

1. 下の紙をまん中でおり下げる

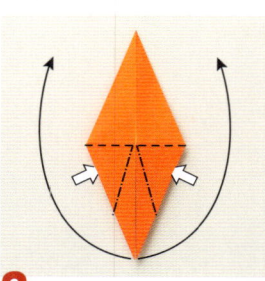

2. ↗↘からすきまをひらいてふくろをつぶす

3. 太線を切って点線でおる

大きく

4. うらがえす

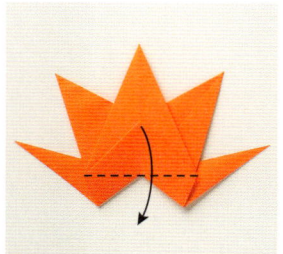

5. 点線でかどをおり下げる

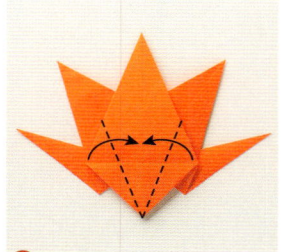

6. 上の1まいをまん中に合わせておる

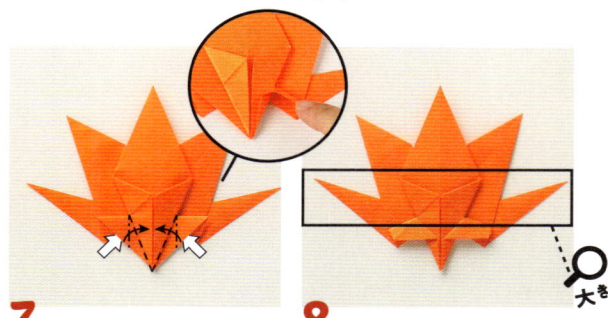

7. ↗↘からすきまを広げてふくろをつぶす

8. 9〜10 はかく大図

大きく

{ 組み立て方 }

のり

「もち手」をまげてのり
（または、りょうめんテープ）
をつけ、「バッグ」の内がわ
にはる

できあがり

9. かどを紙のはしに合わせておる

10. かどをおる

11. うらがえす

できあがり

はさみ1回リボン

▶p.86

かわいいリボンと、リボンの形のしおりのつくり方です

{ リボン }　「つるの基本形」（9ページ）からはじめる

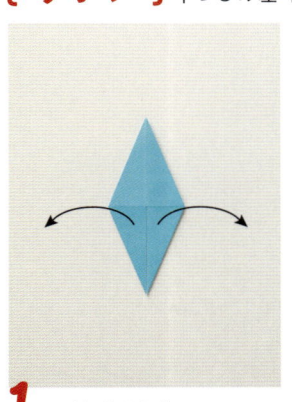

1. ぜんぶひらく

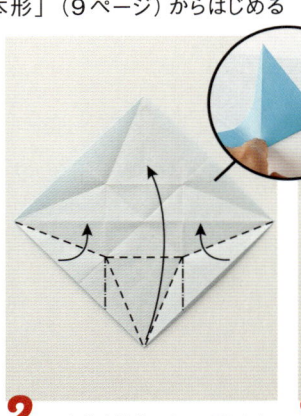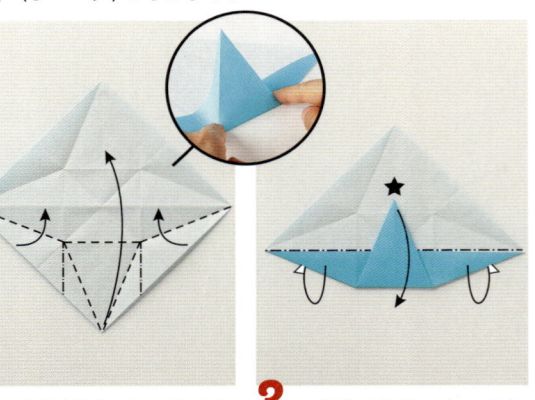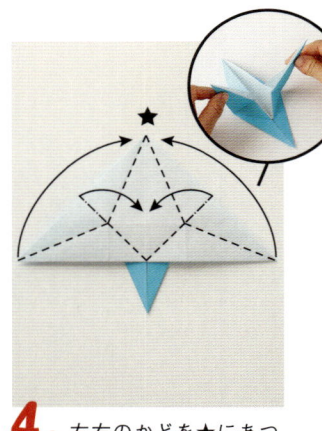

2. おりすじをつかってたたむ

3. 点線で後ろへおって★のかどをぐるりと下に回す

4. 左右のかどを★にあつめるようにしてたたむ

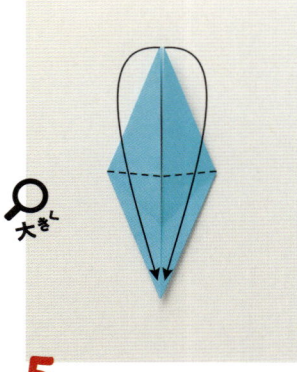

5. 2つのかどを点線でおっており下げる

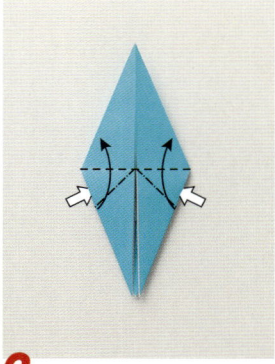

6. ↗↖からすきまをひらいてふくろをつぶす

7. まん中を少し左右にひらく

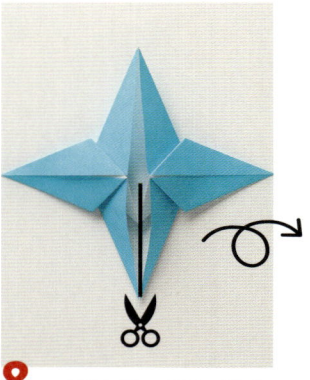

8. 太線を切ってうらがえす

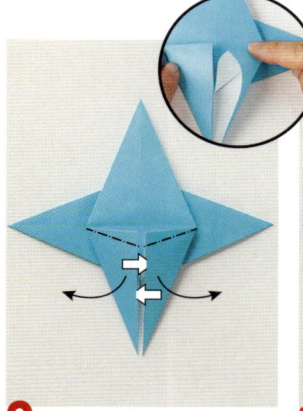

9. ⇨⇦からふくろをひらいてたたむ

10. 点線で内がわへおる

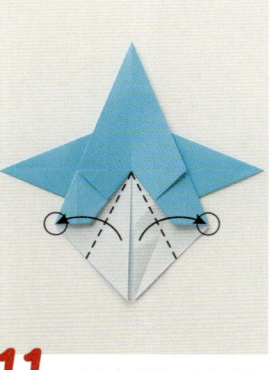

11. まん中の切ったところを○に合わせておる

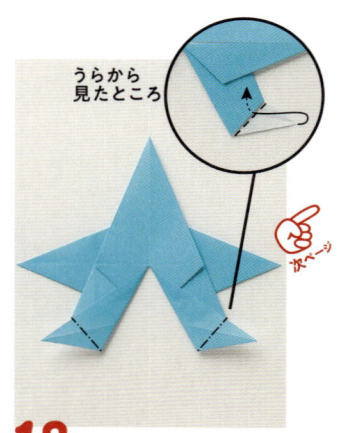

うらから見たところ

12. 点線で後ろへおって内がわにさしこむ（91ページ上へつづく）

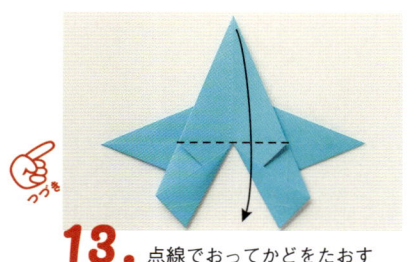

13. 点線でおってかどをたおす

14. ●をおりすじに合わせておって、左右それぞれにおりすじをつける

15. かどをつまむようにして点線でたたむ

16. 点線でおって左にたおす

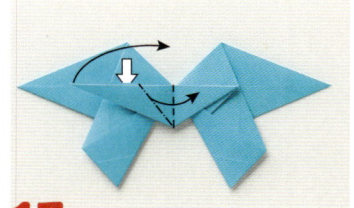

17. ⇩からふくろをひらいてつぶす

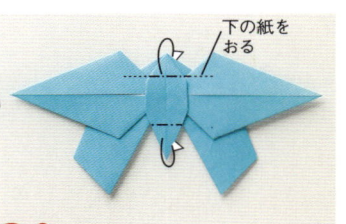

18. かどを後ろへおる

19. 点線でおって○のかどをおり上げながら、★をぐるりとむこうへ回してたおす

20. うらがえす

下の紙をおる

21. 点線で後ろへおる

22. 点線でおってかどをすきまにさしこむ

できあがり

{ リボンのしおり }

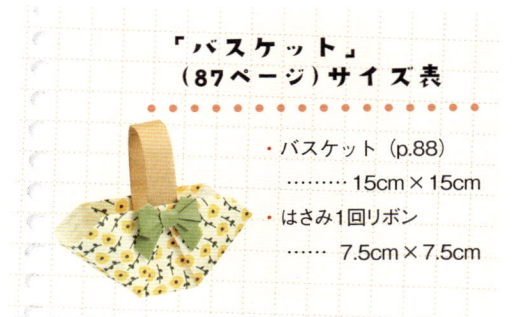

ノートや本にさしこんでつかいます

7の形までつくってうらがえし、13からリボンぶぶんをおる

「ハートとリボンのしおり」（86ページ）サイズ表

- ・ハートのしおり（p.23）
  ……………15cm×15cm
- ・リボンのしおり
  ……………15cm×15cm

「バスケット」（87ページ）サイズ表

- ・バスケット（p.88）
  ……………15cm×15cm
- ・はさみ1回リボン
  ……… 7.5cm×7.5cm

December

12月のおりがみかざり

クリスマスモチーフはひもにつるすだけで華やかなガーランドに。
小さく作ってカードなどに貼るのもおすすめです。
テトラツリーもかざってクリスマスを盛り上げましょう！

テトラツリー
How to p.98

クリスマスリース
How to p.99

ガーランド
How to p.97

Merry Christmas

HAPPY HOLIDAYS

MERRY CHRISTMAS

クリスマスカード
How to p.97

サンタクロース

▶p.92

1まいでつくれる
サンタさんです

🔲 たてよこ半分におりすじをつけてからはじめる

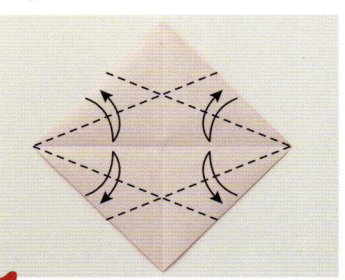

1. 紙のはしをよこのおりすじに合わせ
ておっておりすじをつける

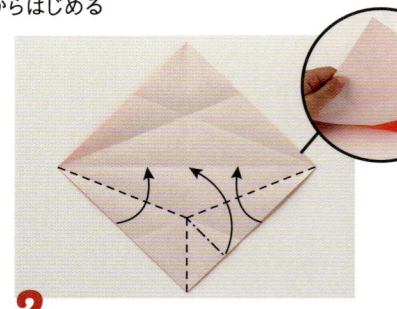

2. かどをつまむようにして点線で
たたみ、かどをよこにたおす

3. 点線でおっておりすじをつけて
からぜんぶひらく

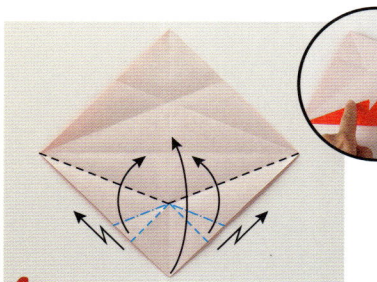

4. 山おりと谷おりを青い線のよう
におりなおしてから、まん中に四角がで
きるようにたたむ

5. 左右の紙のはしにそろえてかど
をおる

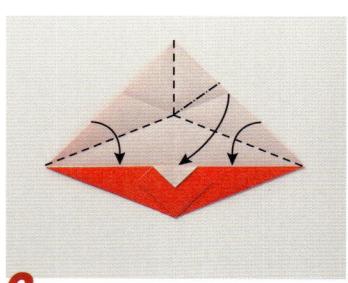

6. 上半分を**2**～**3**と同じようにおる

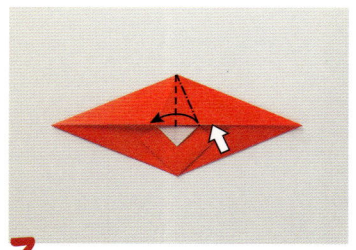

7. ↘からふくろをひらいてつぶす

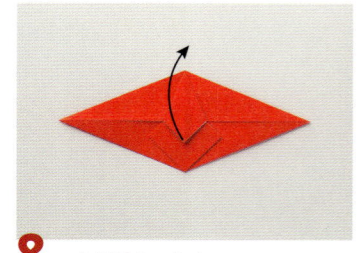

8. 上半分をひらく

9. おりすじがまじわるところの少し
上に合わせてかどをおる

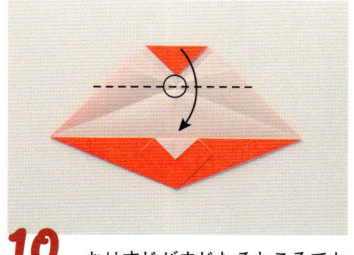

10. おりすじがまじわるところでお
る

11. おりすじでおる

12. 上についているおりすじで下の
紙もいっしょに後ろへおってうらがえす
（95ページへつづく）

次ページ

サンタブーツ

▶p.93

小さな紙で
つくってカードに
はっても

🔲 ななめに半分におりすじをつけてからはじめる

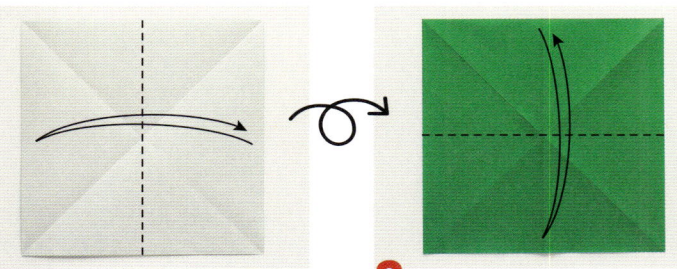

1. 半分におりすじをつけてうらがえす

2. 半分におりすじをつける

3. 点線でおる

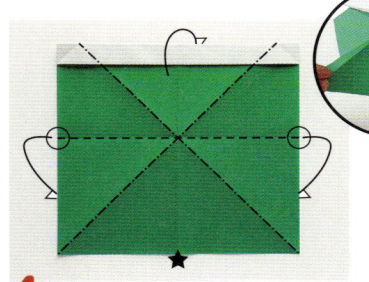

4. ○と○を★によせるようにして
おりすじをつかってたたむ

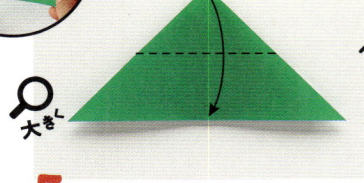

5. かどを紙のはしに合わせておっ
てうらがえす

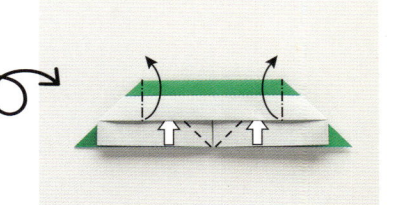

6. ⇧からすきまをひらいてつぶす

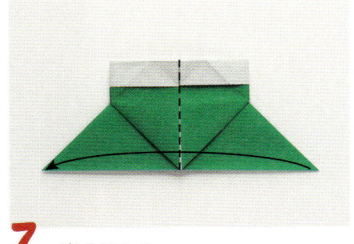

7. 半分におる

8. かどを後ろへおる

できあがり

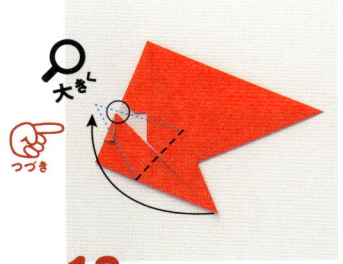

13. ○の下からかどが少
し出るようにおる

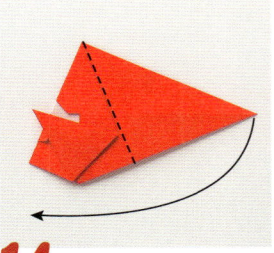

14. 紙のはしにそっておる

15. ○の下からかどが少
し出るようにおってうらがえす

できあがり

顔をかく

95

トナカイ

▶p.92

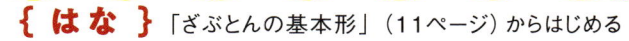

赤はなのトナカイさん♪
サンタさんといっしょに
かざってね!

{ はな } 「ざぶとんの基本形」（11ページ）からはじめる

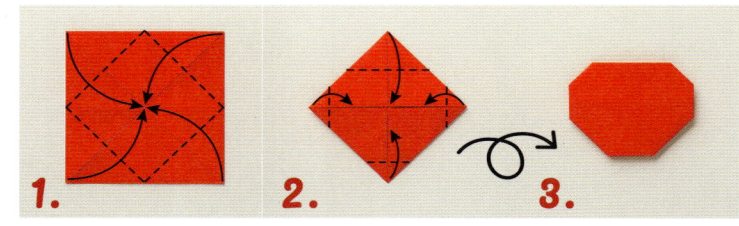

1. かどを中心に合わせておる **2.** 点線でおってうらがえす **3.** 「はな」のできあがり

・紙のひりつ

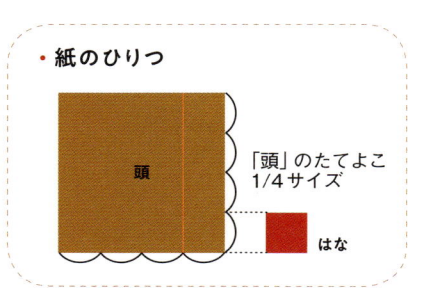

頭

「頭」のたてよこ
1/4サイズ

はな

{ 頭 } 「つるの基本形」（9ページ）からはじめる （とじているほうを下に）

1. 上の1まいのかどを○に合わせておりすじをつける

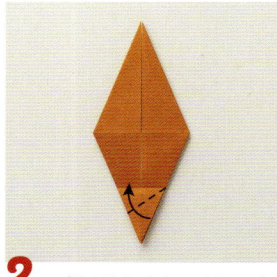

2. 紙のはしをおりすじに合わせておる

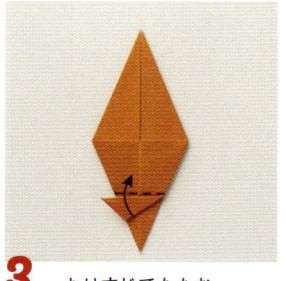

3. おりすじでたたむ

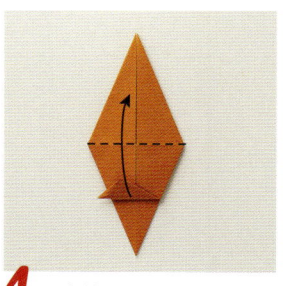

4. 点線でおる

5. うらも1〜4と同じようにおる

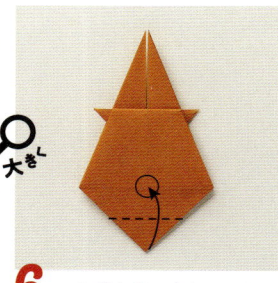

大きく

6. かどを○に合わせておる

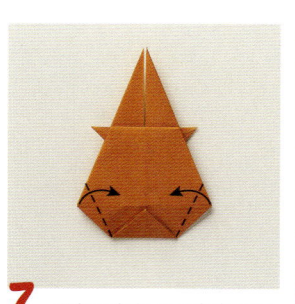

7. 2まいあわせてななめにおる

8. うらがえす

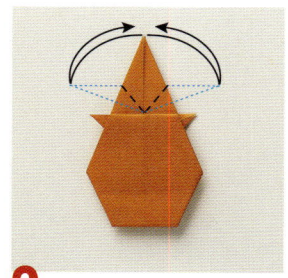

9. 点線でおっておりすじをつける

10. 点線でなかわりおりをする

11. 点線でなかわりおりをする

できあがり

「はな」をはって目をかく

ポインセチア

▶p.93

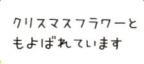

クリスマスフラワーともよばれています

{ 花 } 「ひまわり」（72ページ）の「花」の **17** までおってからはじめる

・紙のひりつ

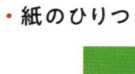

花・はっぱ

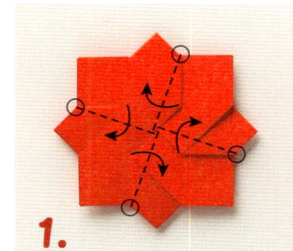

1.

2.

1. ○のかどと中心をむすぶ線でおる
2. 「ポインセチア」の「花」のできあがり

{ はっぱ } 「つるの基本形」（9ページ）からはじめる

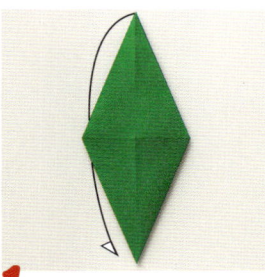

1. 下の紙をまん中でおり下げる

2. ↗↙からすきまをひらいてふくろをつぶす

3. うらがえす

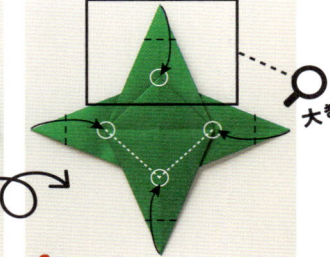

大きく

4. かどを○に合わせておる。 **5**はかく大図

5. かどを点線でおる。ほかの3かしょも同じ

6. うらがえす

7. 「はっぱ」のできあがり。「はな」をはる

できあがり

「ガーランド」（93ページ）サイズ表

- ・サンタクロース (p.94) …… 15cm×15cm
- ・サンタブーツ (p.95) …… 15cm×15cm
- ・2だんかぼちゃ (p.120) …… 12cm×12cm
- ・トナカイ …… 15cm×15cm
- ・ねこのしおり (p.50) …… 15cm×15cm
- ・ちょうちょリボン (p.38) …… 2cm×4cm

「2だんかぼちゃ」を白い紙でつくって頭のつのを後ろにたおせば「ゆきだるま」に！

「クリスマスカード」（93ページ）サイズ表

- ・ポインセチア …… 12cm×12cm
- ・プレゼント (p.51) …… 7.5cm×7.5cm

テトラツリー

▶p.92

かわいい三角の
クリスマス
オーナメントです

{ パーツ } 「たこの基本形」（10ページ）からはじめる

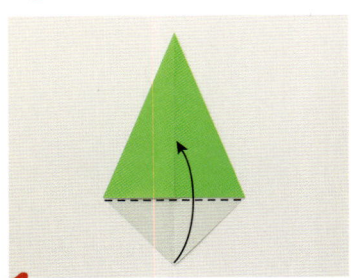

1. 点線でおる

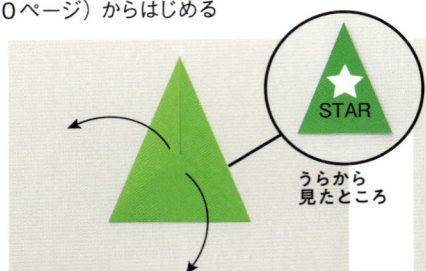

STAR

うらから
見たところ

2. 文字や絵をかくときは、このとき
にうらにかいておく。2かしょをひらく

3. 「パーツ」のできあがり。同じも
のを3まいつくる

{ 組み立て方 }

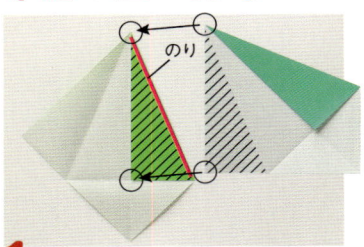

のり

1. ピンクのところにのりをつけ、な
なめ線のところがかさなるようにはりあ
わせる

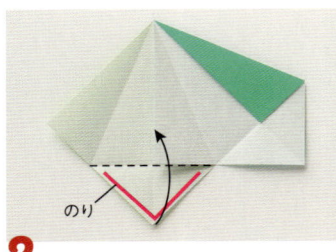

のり

2. 点線でおってのりづけする

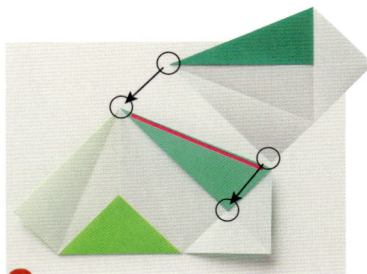

3. ピンクのところにのりをつけ、○
と○を合わせてはりあわせる

4. 点線でおってのりづけする

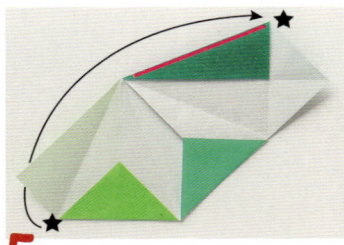

5. ピンクのところにのりをつけ、★
と★をあわせてわにする

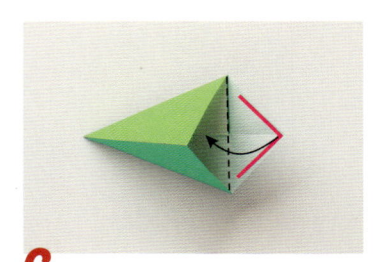

6. 点線でおってのりづけする

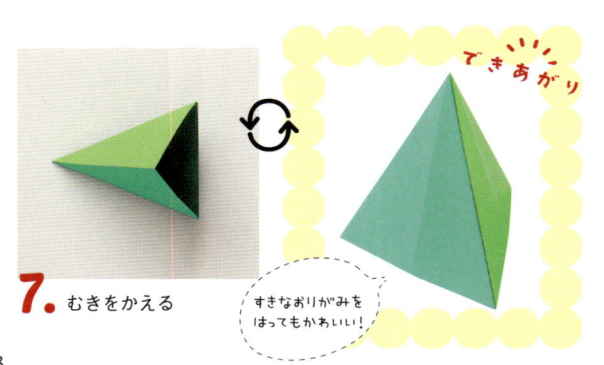

できあがり

7. むきをかえる

すきなおりがみを
はってもかわいい！

「テトラツリー」（92ページ）サイズ表

- ・テトラツリー …………… 15cm × 15cm
- ・サンタクロース (p.94) …… 15cm × 15cm
- ・サンタブーツ (p.95) …… 12cm × 12cm
- ・はさみ1回リボン (p.90)… 12cm × 12cm
- ・3Dスター (p.64) ………… 1.5cm × 15cm

リーフドーナツ

▶p.92

きせつによって
はっぱの色を変えて
みて！

｛ パーツ ｝ 「正方基本形」（9ページ）からはじめる

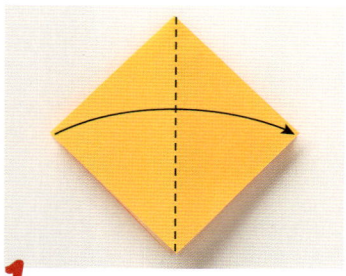

1. 上の1まいを右にめくる

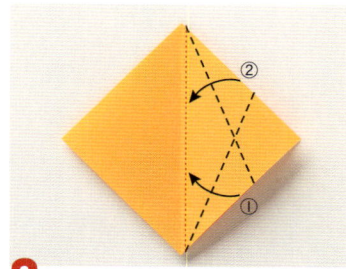

2. まん中から少しはなれたところに合わせて①②のじゅんにおる

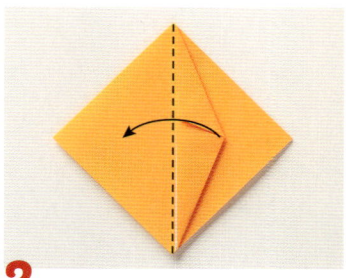

3. 1でめくったところを左にもどす

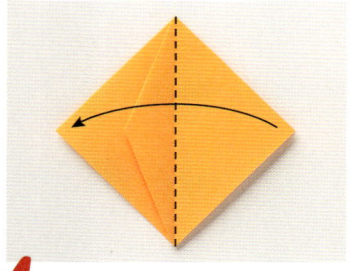

4. 上の1まいを左にめくる

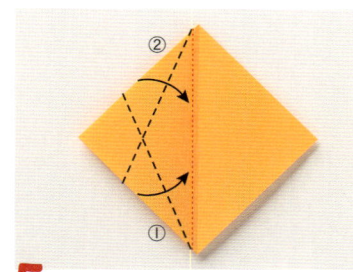

5. 2と同じようにおる

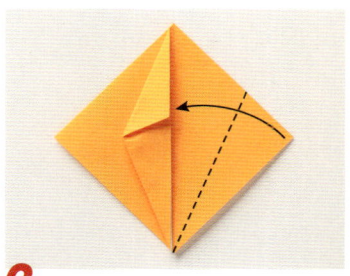

6. まん中に合わせておる

｛ 組み立て方 ｝

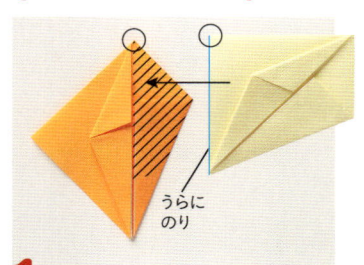

うらに
のり

1. ○と○のかどを合わせてのりづけする

2. 同じようにのこりのパーツもつなぐ

7. 「パーツ」のできあがり。同じものを8まいつくる

3. それぞれ上の1まいをたおす

できあがり

「リーフドーナツ」
（92ページ）サイズ表

・リーフドーナツ … 7.5cm×7.5cm

Wreath
季節のリースをつくろう

これまでに出てきたモチーフを使って、季節のリースを作りましょう。
季節ごとにお部屋や玄関にかざれば毎日がとっても楽しくなります!

1月のリース
縁起のいいモチーフを集めて新年をお祝いしましょう。赤をきかせた配色で華やさを演出します。
How to **p.104**

2月のリース
おにの表情をそれぞれ変えると楽しい雰囲気に。にっこり笑顔のおたふくさんで福を呼びこんで!
How to **p.105**

3月のリース
かわいいひな人形のかざりで女の子の健やかな成長を祝いましょう。桜の花びらを散らして春らしく!
How to **p.105**

4 月のリース

緑のさわやかな色使いで春らしいデコレーションを！
モチーフの大きさに変化をつけるのがポイントです。
How to **p.108**

5 月のリース

大空を泳ぐこいのぼりにまたがる、元気いっぱい
の金たろうさん。子どもの日にぴったりですね！
How to **p.109**

6 月のリース

カラフル＆かわいい模様の紙でレインコートや傘を作
れば、じめじめした梅雨の季節もきっと楽しい気分に！
How to **p.110**

だるまおとし
▶p.100

へきめんかざりやリースでかつやくするへいめんの作品です

{ 顔 } 「8マス×8マスのおりすじ」（11ページ）の**4**までおってからはじめる

・紙のひりつ

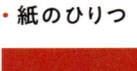

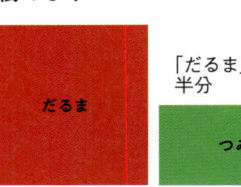

だるま

「だるま」の半分

つみき

1. おりすじに合わせておる

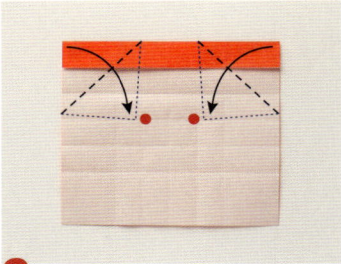

2. かどを●（おりすじのまじわるところ）から少しずらしておる

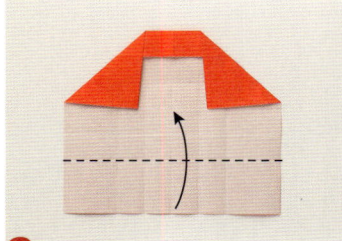

3. 点線でおる

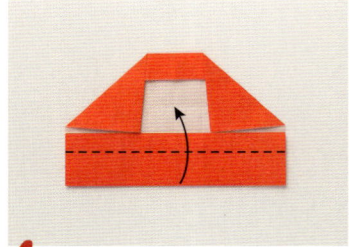

4. 紙のはしをおりすじに合わせておる

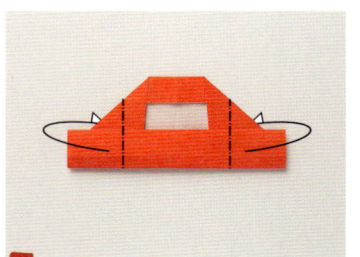

5. 下の紙についているおりすじで上の紙もいっしょに後ろへおる

{ つみき } 半分におりすじをつけてからはじめる

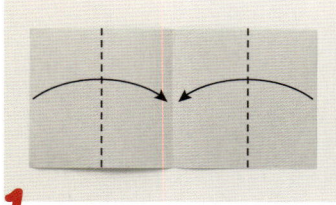

1. まん中に合わせておる

$\frac{1}{3}$

2. 点線でおる

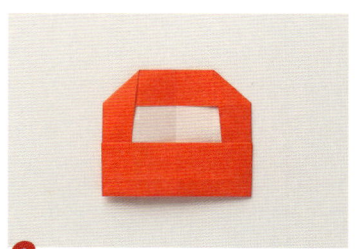

6. 「だるま」のできあがり。顔をかく

大きく

3. かどを少しおる

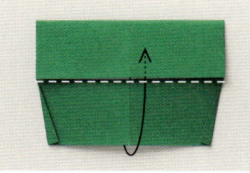

4. 点線でおって内がわにさしこむ

5. うらがえす

6. 「つみき」のできあがり。3〜5まいつくる

できあがり

102

まつ

▶p.100

お正月には
えんぎのよいまつを
かざりましょう

◼ たてよこ半分におりすじをつけてからはじめる

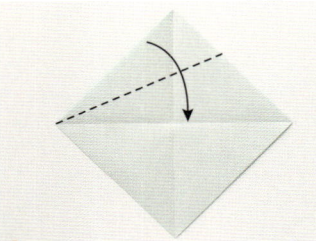

1. 紙のはしをよこのおりすじに合わせ
ておる

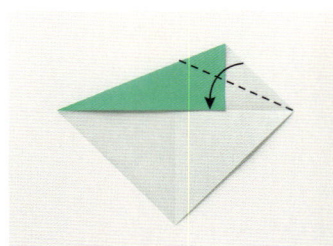

2. 紙のはしをよこのおりすじに合わ
せておる

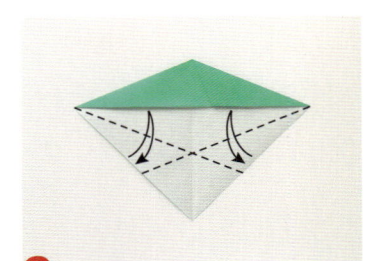

3. 紙のはしをよこのおりすじに合
わせておっておりすじをつける

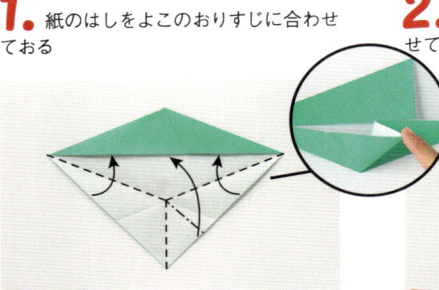

4. かどをつまむようにして点線で
たたみ、かどをよこにたおす

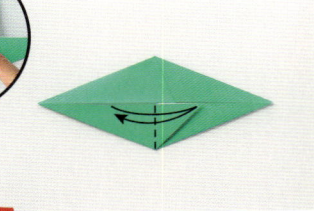

5. 点線でおっておりすじをつける

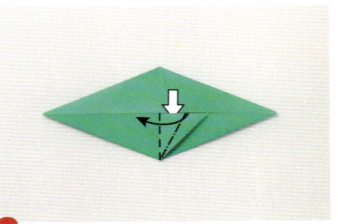

6. ↓からふくろをひらいてつぶす

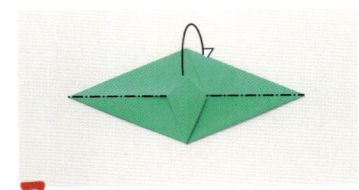

7. 点線で後ろへおる

8. 紙のはしを○に合わせておる

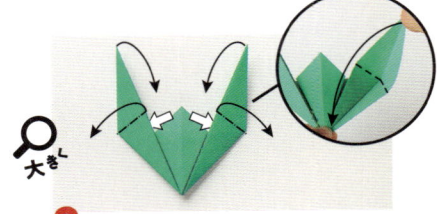

9. ↗↘からふくろをひらいてつぶ
す

10. うらがえす

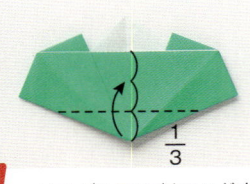

11. いちばん下の紙のかどをのこ
して点線でおる

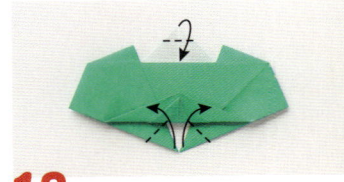

12. かどをおる

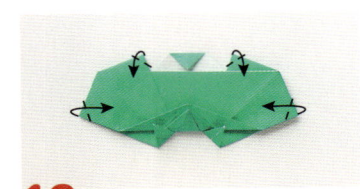

13. かどをおる

14. うらがえす

できあがり

103

竹 のは

▶p.100

お正月にも
たなばたにもつかえる!

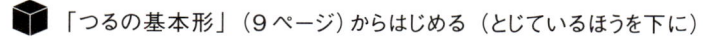

🔲 「つるの基本形」（9ページ）からはじめる（とじているほうを下に）

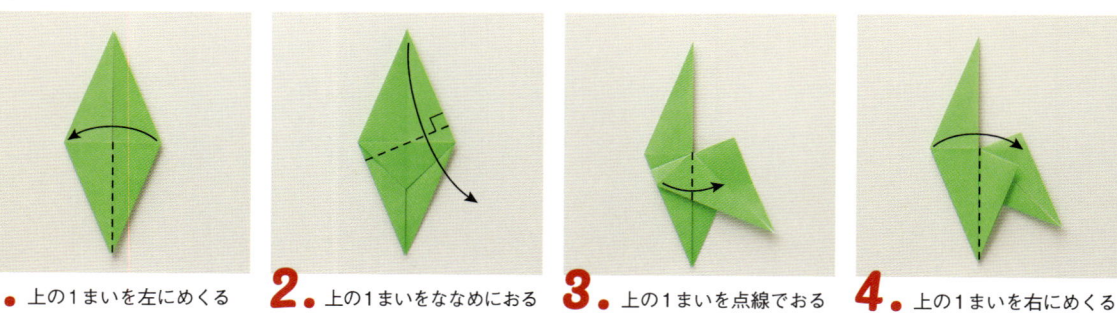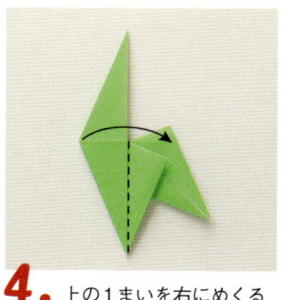

1. 上の1まいを左にめくる

2. 上の1まいをななめにおる

3. 上の1まいを点線でおる

4. 上の1まいを右にめくる

5. 上の1まいをななめにおる

6. 上の1まいを点線でおる

7. かどを後ろへおる

8. うらがえす

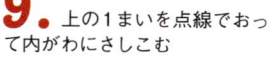

9. 上の1まいを点線でおって内がわにさしこむ

10. かどをおってうらがえす

できあがり

「1月のリース」（100ページ）サイズ表

- シンプルリース (p.127) … 15cm×15cm
- だるまおとし (p.102) … 12cm×12cm
- まつ (p.103) … 7.5cm×7.5cm
- 竹のは … 7.5cm×7.5cm
- つばき・花 (p.18) … 10cm×10cm
  - はっぱ (p.19) … 3.5cm×7cm
- まねきねこ (p.14) … 15cm×15cm

おたふく

▶p.100

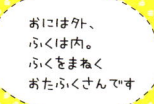
おにはタト、
ふくは内。
ふくをまねく
おたふくさんです

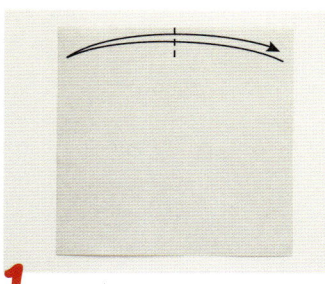

1. 半分におって、点線ぶぶんだけに おりすじをつける

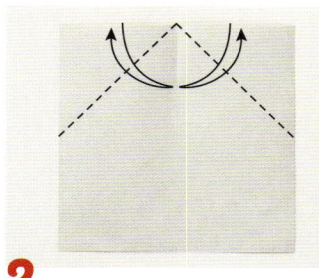

2. まん中に合わせておりすじをつける

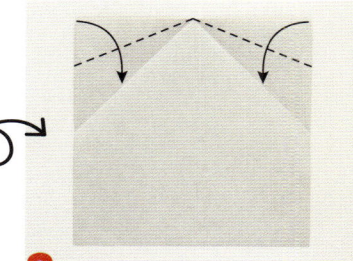

3. おりすじに合わせておる

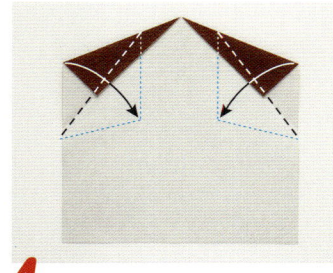

4. 点線でおる

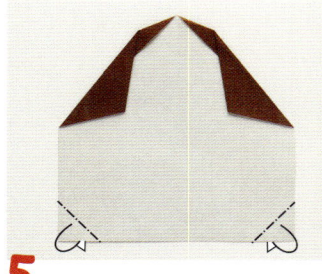

5. かどを後ろへおる

できあがり

顔をかく

「2月のリース」
（100ページ）サイズ表

- 六角リース (p.126) ……… 15cm×15cm
- おにっこ (p.106) ……… 15cm×15cm
  おにのパンツ ……… 1.3cm×3.8cm
  かなぼう ……… 7.5cm×3.75cm
- おたふく ……… 7.5cm×7.5cm

「3月のリース」
（100ページ）サイズ表

- シンプルリース (p.127) …… 15cm×15cm
- ひな人形 (p.30) ……… 15cm×15cm
- ぼんぼり・ちょうちん (p.28)
  ……… 6cm×12cm
  スタンド (p.29) …… 5cm×10cm
- さくら (p.33) ……… 2cm×4cm

おにっこ

▶p.100

おにのパンツは、切ったおりがみやマスキングテープをはってね！

「8 マス×8 マスのおりすじ」（11ページ）の **2** までおってからはじめる

・紙のひりつ

おにっこ

「おにっこ」の1/4の半分

かなぼう

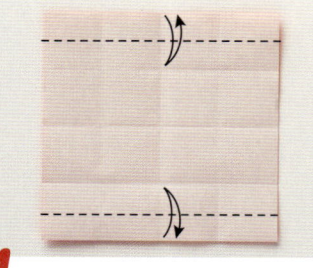

1. おりすじに合わせておりすじをつける

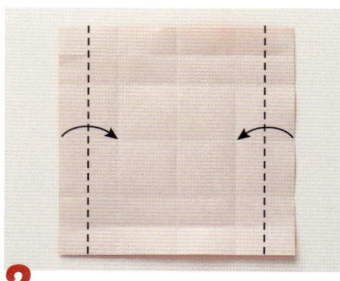

2. おりすじに合わせておる

3. かどを後ろへおっておりすじをつける

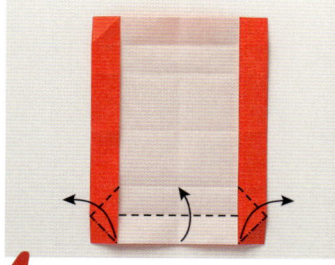

4. かどをよこへ引き出しながらおりすじでたたむ

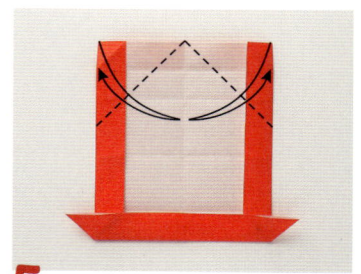

5. まん中に合わせておりすじをつける

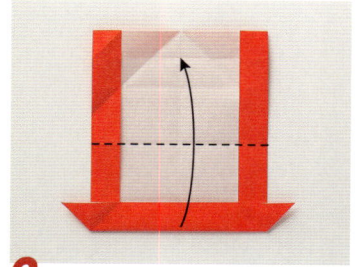

6. おりすじでおる

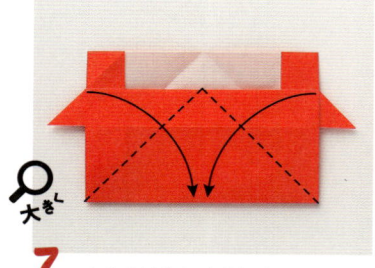

7. まん中に合わせておる

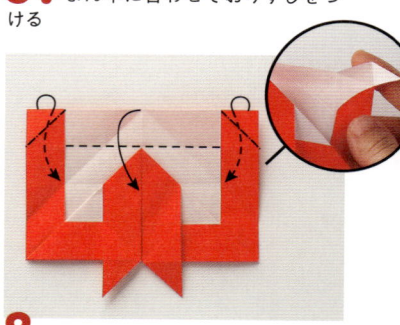

8. 左右のかどをなかわりおりしながらおりすじでたたむ

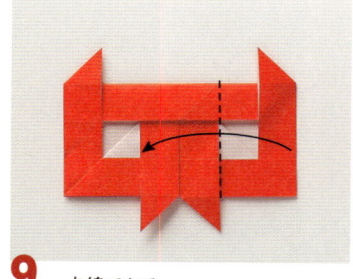

9. 点線でおる

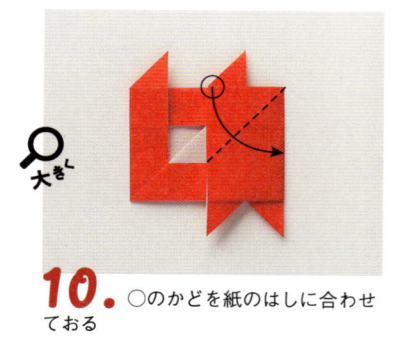

10. ○のかどを紙のはしに合わせておる

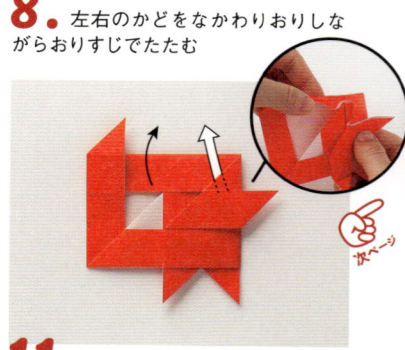

11. 中にかくれているぶぶんを引き出す（107ページ上へつづく）

12. 引き出したところをたたむ

内がわの紙もおる

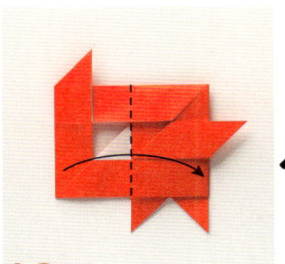

13. 点線でおる

14. ○のかどを紙のはしに合わせておる

大きく

15. 中にかくれているぶぶんを引き出す

16. 点線でおる

17. かどが少し出るように点線でおる

18. うらがえす

19. かどを後ろへおる

20. 顔をかいてパンツの紙をはる

できあがり

｛ かなぼう ｝

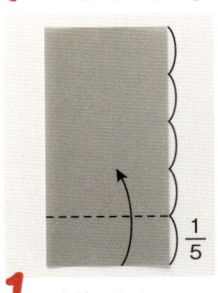

1. 点線でおる

$\frac{1}{5}$

2. うらがえす

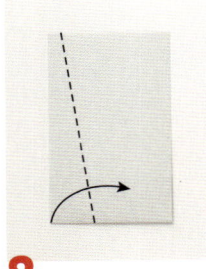

3. ななめにおる

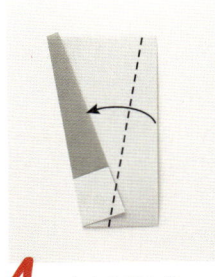

4. ななめにおる

5. うらがえす

6. 上のかどは後ろへ、下のかどは点線で内がわにおる

できあがり

もようをかく

てんとう虫

▶p.101

頭の白いぶぶんを
黒ペンでぬりつぶすと、
ぐっとてんとう虫らしく
なります！

■ たて半分におりすじをつけてからはじめる

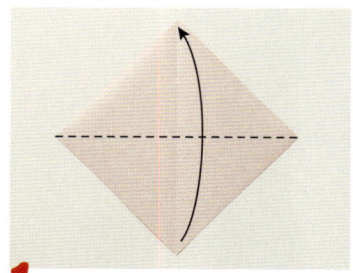

1. 半分におる

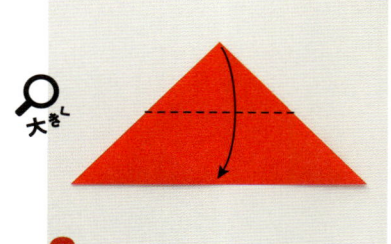

大きし

2. 上の1まいのかどを紙のはしに
合わせておる

3. かどを○に合わせておる

4. 2でおったところをもどす

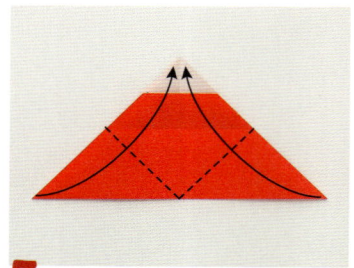

5. かどとかどを合わせておる

6. 上の紙を少しもち上げる

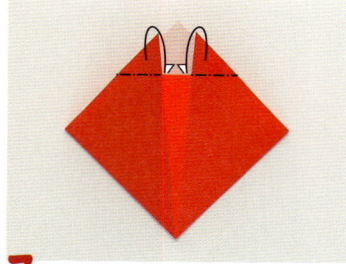

7. 下の紙のはしをつつむように内が
わにおりこむ

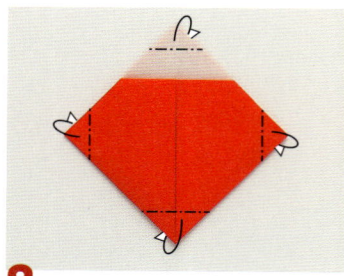

8. かどを後ろへおる

できあがり

もようをかく

「4月のリース」（101ページ）サイズ表

・六角リース（p.126）…15cm×15cm
・2色クローバー（1色タイプも同じ）・大中小（p.34）
　　　　　…12cm角・7.5cm角・6.5cm角
・てんとうむし・大中小
　　　　　…7.5cm角・5cm角・4cm角

かさ
▶p.101

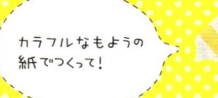
カラフルなもようの
紙でつくって！

{ かさのえ } たて半分におりすじをつけてからはじめる

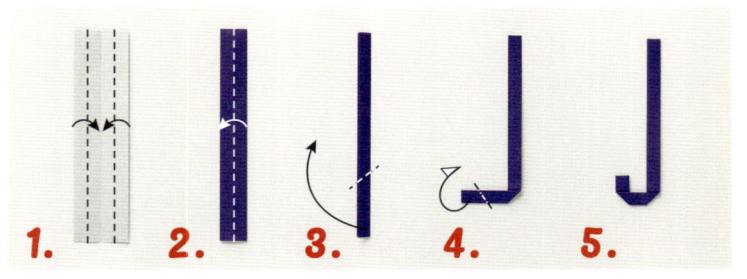

1. まん中に合わせておる　**2.** 半分におる　**3.** 点線でおる
4. 点線で後ろへおる　**5.**「かさのえ」のできあがり

{ かさ } たてよこ半分におりすじをつけてからはじめる

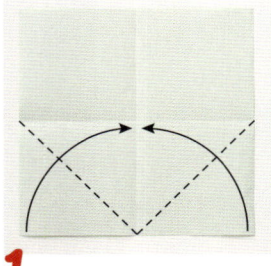 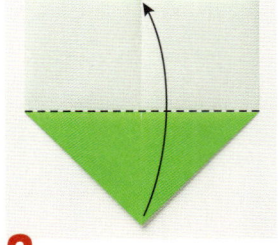 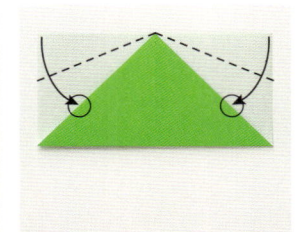 

1. かどを中心に合わせておる

2. 半分におる

3. 紙のはしを○に合わせておる

4. ○と○を合わせておる

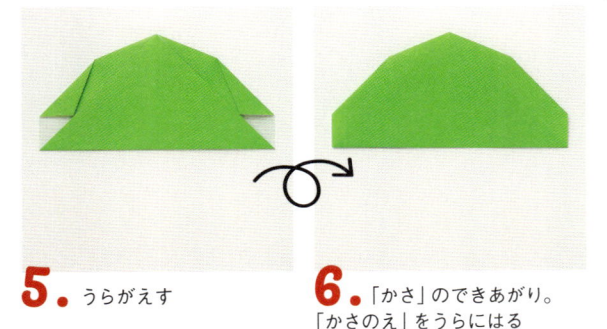

5. うらがえす

6.「かさ」のできあがり。「かさのえ」をうらにはる

できあがり

・紙のひりつ

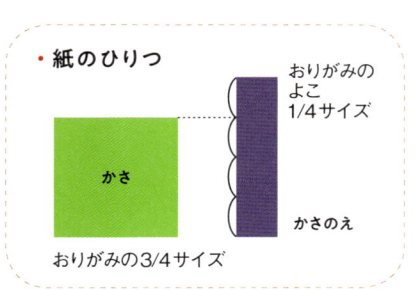

おりがみの3/4サイズ

かさ

おりがみの
よこ
1/4サイズ

かさのえ

「5月のリース」（101ページ）サイズ表

- 六角リース（p.126）……………15cm×15cm
- 色かわりかぶと（p.44）…………15cm×15cm
- こいのぼり・大中小（p.45）…15cm角・12cm角・7.5cm角
- 金たろう（p.46）………………15cm×15cm
- くも（「丸の形」・p.11）………4cm角〜7.5cm角くらいを組み合わせる

レインコートちゃん

▶p.101

赤いおりがみで
おると赤ずきんちゃんに！

{ 頭 } ななめに半分におりすじをつけてからはじめる

・紙のひりつ

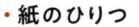

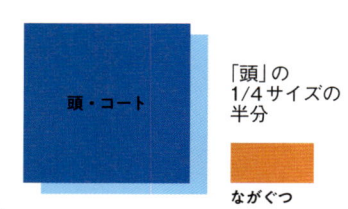

頭・コート

「頭」の
1/4サイズの
半分

ながぐつ

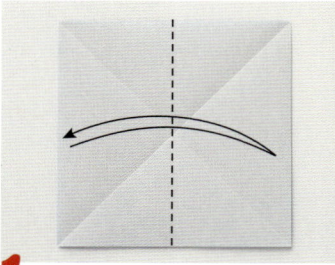

1. たて半分におりすじをつける

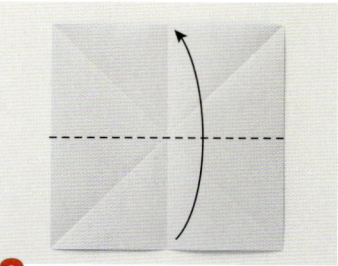

2. よこ半分におる

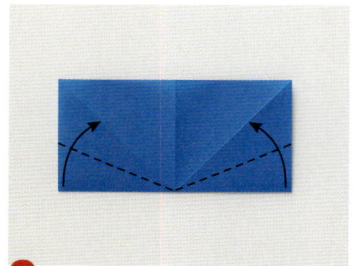

3. 紙のはしをおりすじに合わせておる

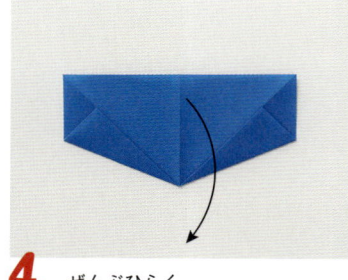

4. ぜんぶひらく

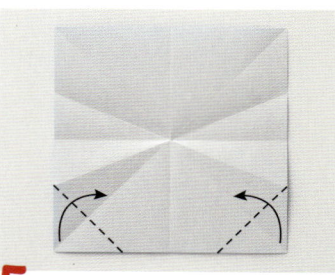

5. かどをおりすじに合わせておる

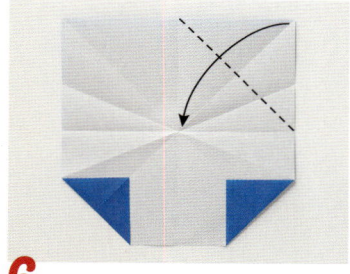

6. かどを中心に合わせておる

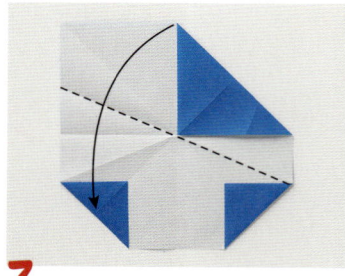

7. ななめのおりすじでおる

8. おりすじのところで後ろへおる

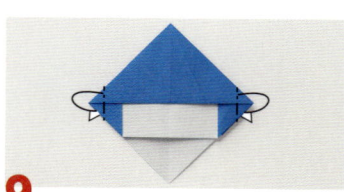

9. かどを後ろへおる

「6月のリース」（101ページ）サイズ表

・シンプルリース (p.127) … 15cm×15cm
・レインコートちゃん … 7.5cm×7.5cm
　ながぐつ … 2cm×4cm
・かさ (p.109) … 12cm×12cm
　かさのえ (p.109) … 4cm×16cm

10. 「頭」のできあがり。顔をかく

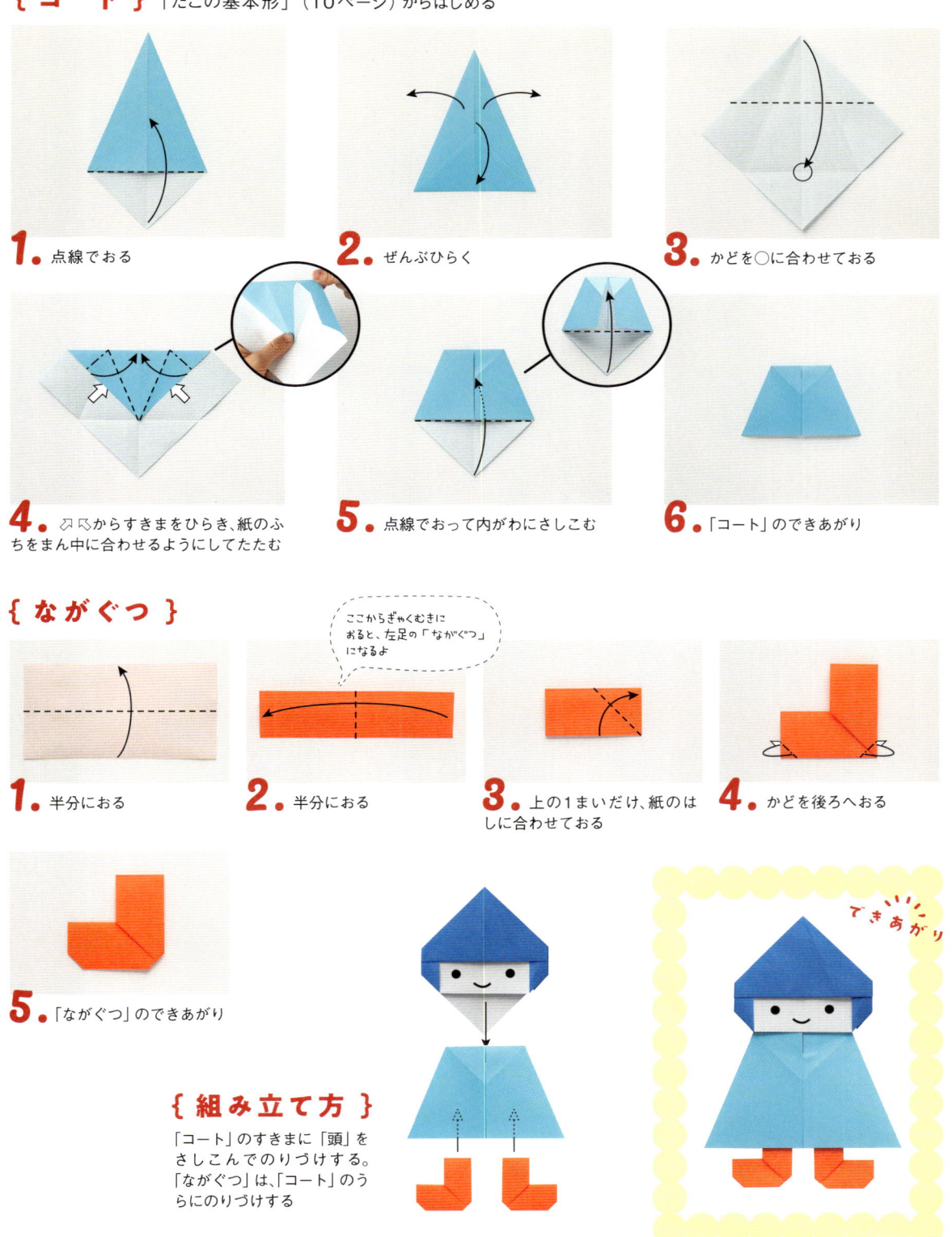

{ コート } 「たこの基本形」（10ページ）からはじめる

1. 点線でおる

2. ぜんぶひらく

3. かどを○に合わせておる

4. ⤴⤵からすきまをひらき、紙のふちをまん中に合わせるようにしてたたむ

5. 点線でおって内がわにさしこむ

6. 「コート」のできあがり

{ ながぐつ }

1. 半分におる

ここからぎゃくむきにおると、左足の「ながぐつ」になるよ

2. 半分におる

3. 上の1まいだけ、紙のはしに合わせておる

4. かどを後ろへおる

5. 「ながぐつ」のできあがり

{ 組み立て方 }

「コート」のすきまに「頭」をさしこんでのりづけする。「ながぐつ」は、「コート」のうらにのりづけする

できあがり

Wreath
つづき

季節のリースをつくろう

7月のリース

立体的な星をちりばめて天の川に。おりひめと
ひこぼしの七夕リースに願いをこめて…。

How to p.115

8月のリース

白いわんこがひまわり畑でかくれんぼ？　背景を
水色にすると、より夏らしいさわやかな色合いに!!

How to p.117

9月のリース

静かな夜に輝く満月を、ちょっと豪華な金の和紙で。
お団子を供えてお月見を楽しむうさぎたちです。

How to p.119

10月のリース

かぼちゃが主役のリースです。おばけや黒猫もかざってハロウィン気分を盛り上げましょう！

How to p.120

11月のリース

森のくまさんと赤ずきんちゃん。背景に秋らしい渋めの色を使うと、赤ずきんちゃんがぐっと引き立ちます。

How to p.123

12月のリース

クリスマスのモチーフでにぎやかにかざります。ホイルおりがみの星やリボンで華やかさを演出しましょう！

How to p.125

おりひめ・ひこぼし

▶p.112

一年に一ど、
夜空で出会えるように
ねがいをこめて…

｛ おりひめの頭 ｝ 「めびなの頭」（30ページ）の **3** までおってからはじめる

・紙のひりつ

頭・きもの

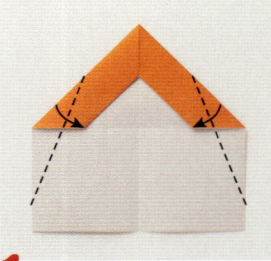

1. 紙のはしをおりすじに合わせておる

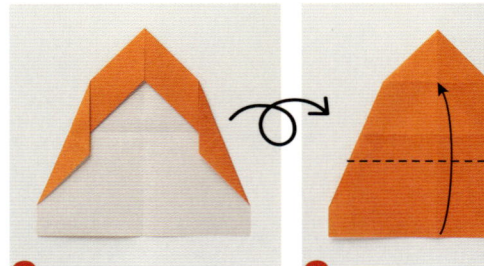

2. うらがえす

3. 紙のはしをおりすじに合わせておる

4. ⬦⬦からすきまをひらいて、◯のところに合わせてたたむ

5. たたんでいるところ
大きく

6. 点線でおる

7. かどが出るように点線でおる

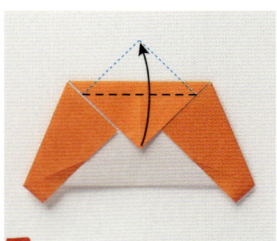

8. かどを少しおる

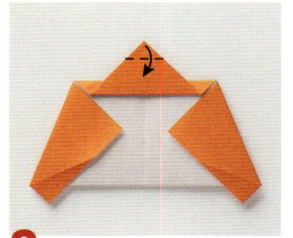

9. うらがえす

10. かどを後ろへおる

11. 「おりひめの顔」のできあがり。顔をかく

｛ きもの ｝ たてよこ半分におりすじをつけてからはじめる

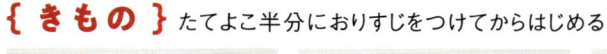

1. かどを中心に合わせておりすじをつける

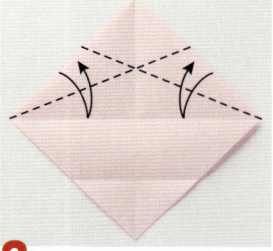

2. 紙のはしをよこのおりすじに合わせておっておりすじをつける

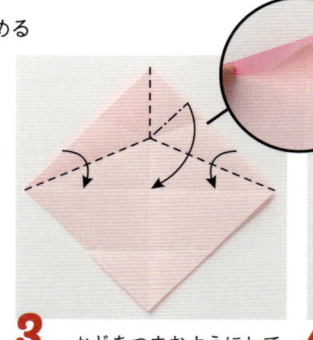

3. かどをつまむようにして点線でたたみ、かどをよこにたおす

次ページ

4. 点線でおっておりすじをつける（115ページ上へつづく）

5. ⇧からふくろをひらいて
つぶす

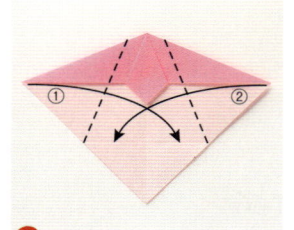

6. ①②のじゅんに、おりす
じに合わせておる

7. かどを後ろへおる

8. 「きもの」のできあがり
（おりひめ・ひこぼしきょうつう）

{ ひこぼしの頭 } 「めびなの頭」（30 ページ）の **3** までおってからはじめる

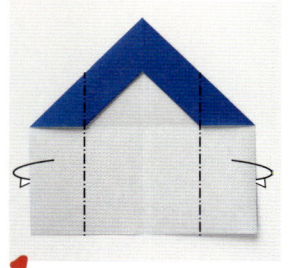

1. おりすじで後ろへおる

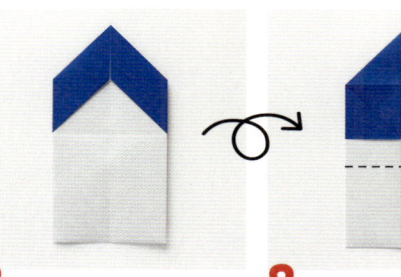

2. うらがえす

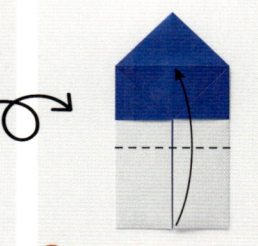

3. 紙のはしをおりすじに合
わせておる

4. 点線でおる

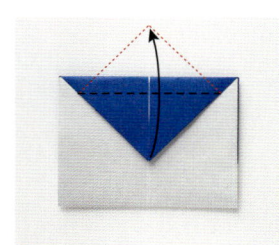

5. かどが出るように点線で
おる

6. かどを少しおる

7. うらがえす

8. かどを後ろへおる

9. 「ひこぼしの顔」の
できあがり。顔をかく

でき あがり

「きもの」に「頭」を
のりづけする

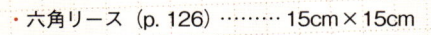

「7月のリース」
（112ページ）サイズ表

- ・六角リース（p. 126）…………15cm×15cm
- ・おりひめ・ひこぼし…………7.5cm×7.5cm
- ・竹のは（p. 104）…………7.5cm×7.5cm
- ・3Dスター（p. 64）…………1.5cm×15cm

わんこ
▶p.112

どんなきせつにも合う
かわいいわんこです

■ たて半分におりすじをつけてからはじめる

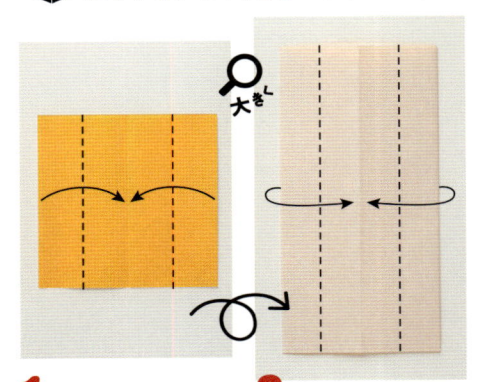

1. まん中に合わせて
おってうらがえす

2. まん中に合わせ
ておりながら下の紙を
出す

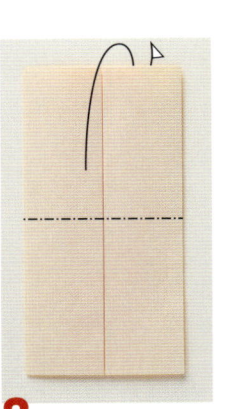

3. 後ろに半分におっ
ておりすじをつける

4. まん中に合わせ
ておって、点線ぶんだ
けにおりすじをつける

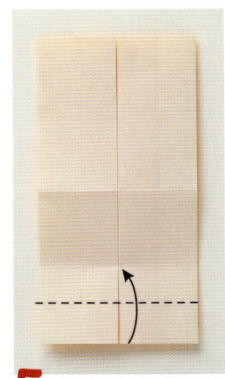

5. おりすじに合わ
せておる

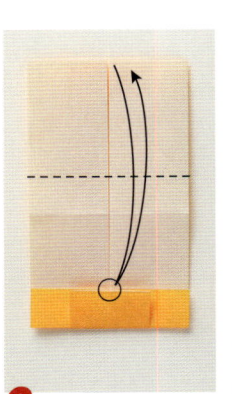

6. 上の紙のはしを
○に合わせておりすじ
をつける

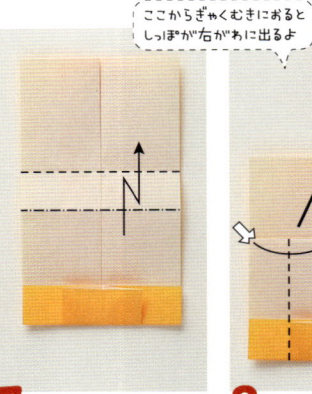

7. 点線でだんおりを
する

ここからぎゃくむきにおると
しっぽが右がわに出るよ

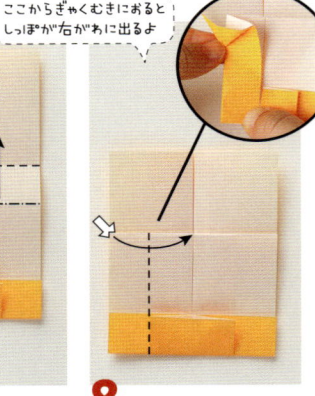

8. ☆からすきまを
ひらいて下のふくろを
三角につぶす

9. 内がわのかどを
下に引き出す

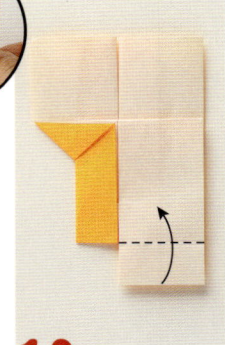

10. 点線でおる

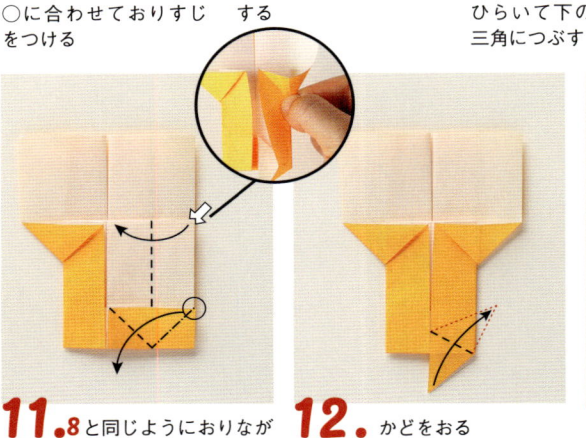

11. 8と同じようにおりなが
ら、○のかどを下に出す

12. かどをおる

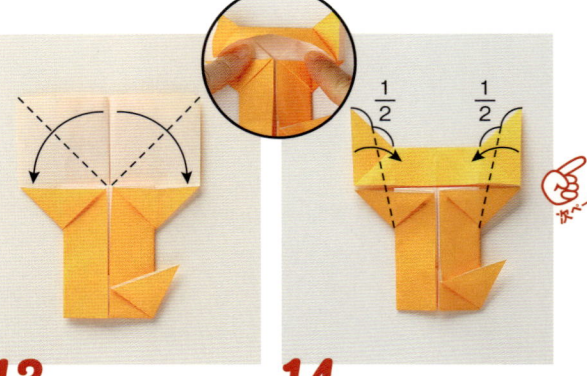

13. 点線でおって、下の紙
をつぶすようにおる

14. 点線でおる（117
ページへつづく）

次ページ☞

お月見だんご

▶p.112

十五夜には
まん丸のおだんごを
かざりましょう

{ さんぼう } たて半分におりすじをつけてからはじめる

・紙のひりつ

さんぼう

だんご

「さんぼう」の
たてよこ1/4サイズ

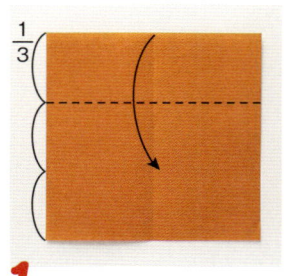

1/3

1. 点線でおる

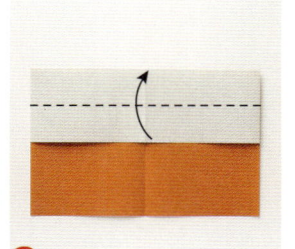

2. 上の1まいを紙のはしに
合わせておる

3. うらがえす

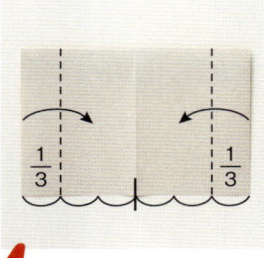

1/3 ⟋ 1/3

4. 点線でおる

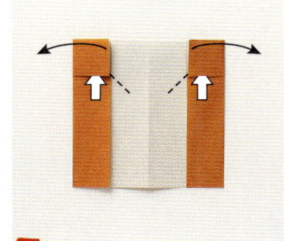

5. ↑からふくろをひらいて
内がわを三角につぶす

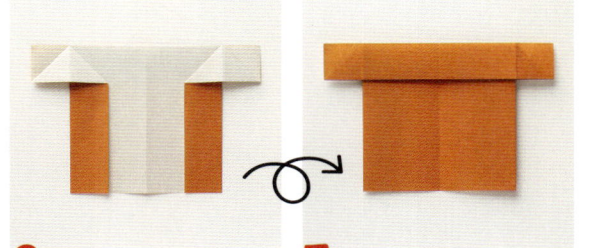

6. うらがえす

7. 「さんぼう」のできあがり

つづき

15. うらがえす

16. 点線でおる

できあがり

顔をかく

くびわを
つけると
カワイイ！

できあがり

「だんご」（「丸の
形」・11ページ）
を6まいつくり、
「さんぼう」といっ
しょにかざる

「8月のリース」（112ページ）サイズ表

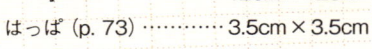

・シンプルリース (p.127)	15cm × 15cm
・わんこ	15cm × 15cm
・ひまわり・花・大 (p.72)	15cm × 15cm
小	12cm × 12cm
はっぱ (p. 73)	3.5cm × 3.5cm

うさぎ
▶p.112

白いうさぎを
つくるときは、
色のめんからおってね

◼ たてよこななめに半分におりすじをつけてからはじめる

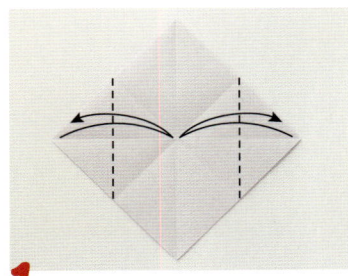

1. 左右のかどを中心に合わせており
すじをつける

2. 下のかどを後ろへおっておりす
じをつける

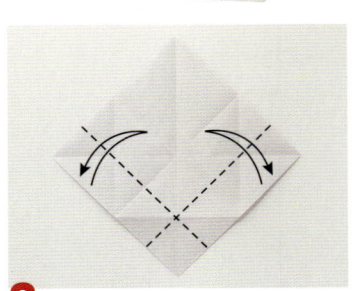

3. まん中に合わせておりすじをつ
ける

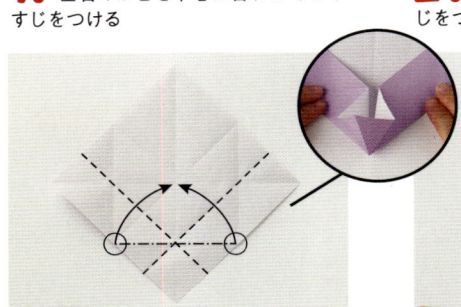

4. おりすじをつかってたたむ

5. うらがえす

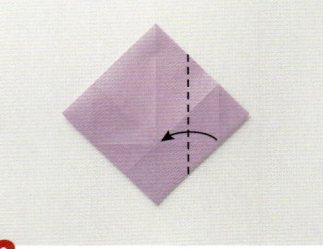

6. おりすじに合わせておる

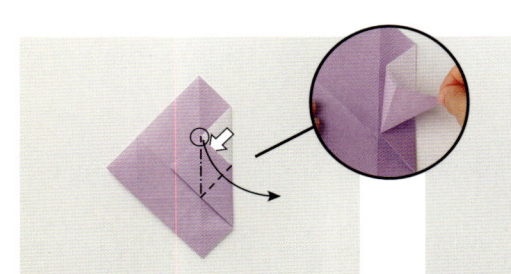

7. ↰からすきまをひらき、○のかど
を右に出すようにしてたたむ

8. 左も **6〜7** と同じようにおる

9. かどをまん中に合わせておる

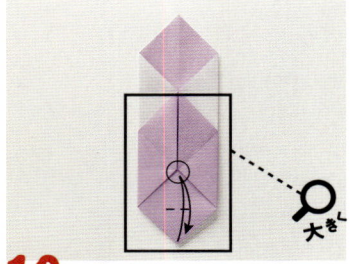

10. かどを○に合わせて、点線ぶぶ
んだけにおりすじをつける。**11〜13** は
かく大図

11. かどをおりすじに合わせておる

12. うらがえす（119ページ上へつ
づく）

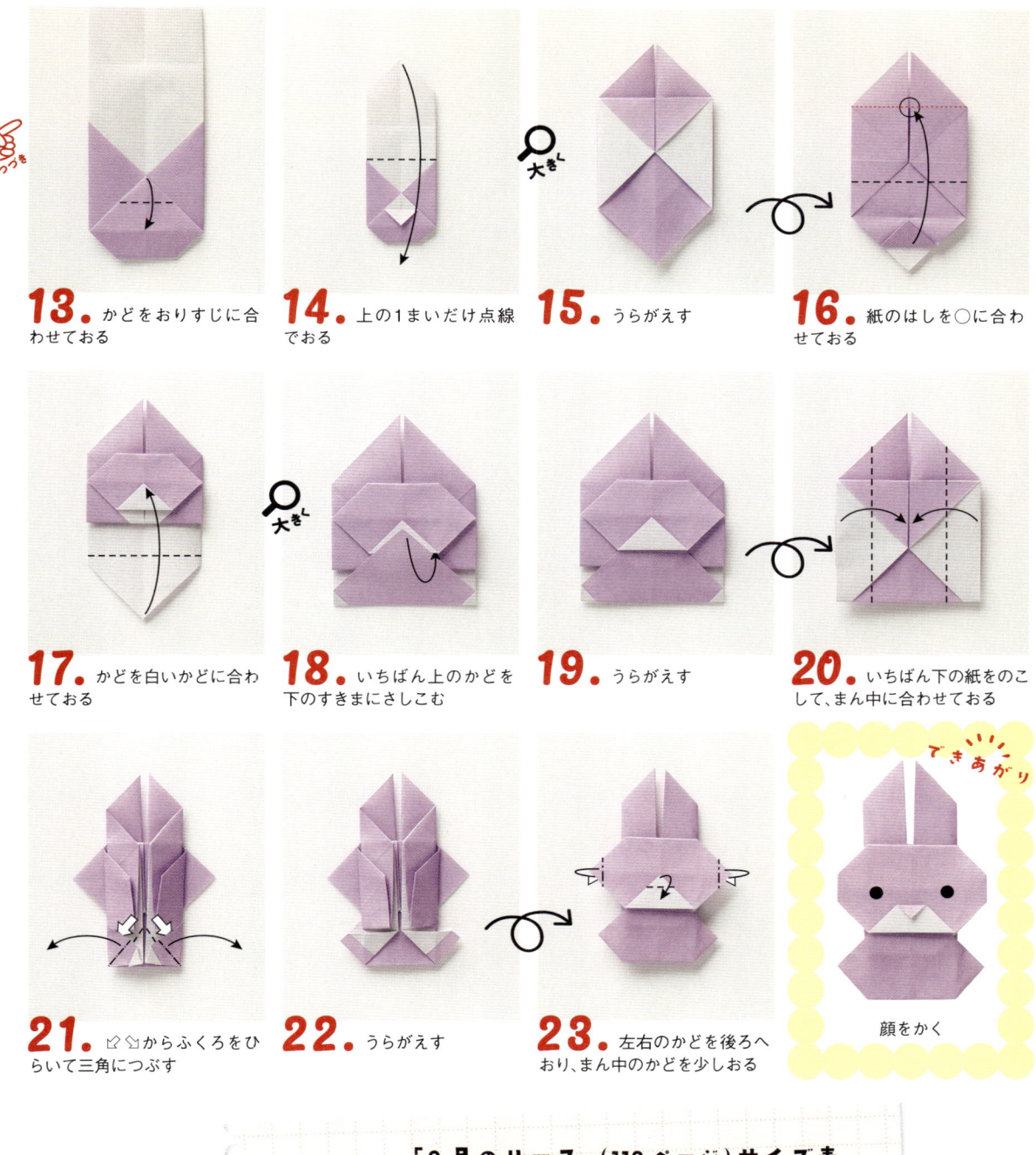

つづき

13. かどをおりすじに合わせておる

14. 上の1まいだけ点線でおる

15. うらがえす

16. 紙のはしを○に合わせておる

17. かどを白いかどに合わせておる

18. いちばん上のかどを下のすきまにさしこむ

19. うらがえす

20. いちばん下の紙をのこして、まん中に合わせておる

21. ↖↗からふくろをひらいて三角につぶす

22. うらがえす

23. 左右のかどを後ろへおり、まん中のかどを少しおる

できあがり

顔をかく

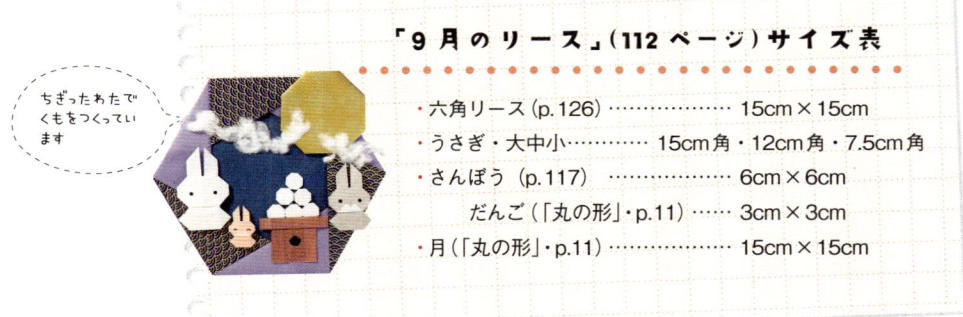

ちぎったわたでくもをつくっています

「9月のリース」（112ページ）サイズ表

・六角リース（p.126）	15cm×15cm
・うさぎ・大中小	15cm角・12cm角・7.5cm角
・さんぽう（p.117）	6cm×6cm
・だんご（「丸の形」・p.11）	3cm×3cm
・月（「丸の形」・p.11）	15cm×15cm

2 だんかぼちゃ
▶p.113

1回おれば
雪だるまにもなるよ!

■ 「たこの基本形」（10ページ）からはじめる

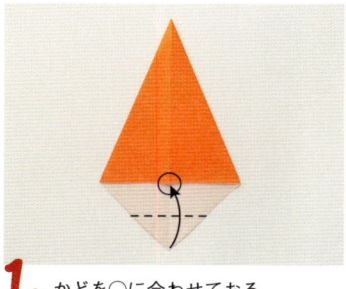

1. かどを○に合わせておる

2. うらがえす

3. かどを紙のはしに合わせておる

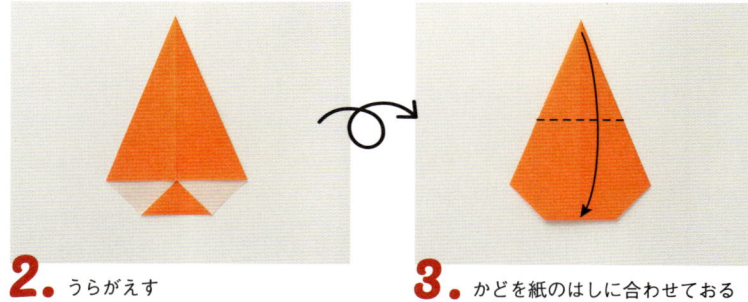

4. 点線で後ろへおる

5. ⇨⇦からすきまをひらき、かどを
おり上げながらつぶす

6. 点線でだんおりをする

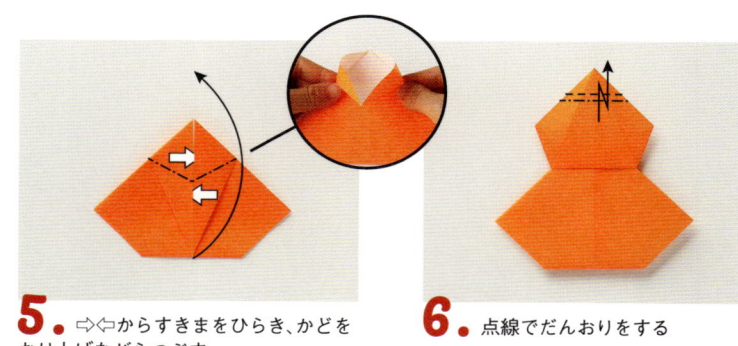

7. かどを後ろへおる

でき
あがり

顔をかく

白い紙でおって
頭のつのを
後ろにたおせば
「ゆきだるま」に!

おばけ

▶p.113

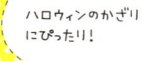

ハロウィンのかざりにぴったり！

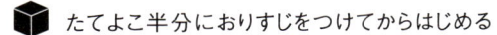

🔲 たてよこ半分におりすじをつけてからはじめる

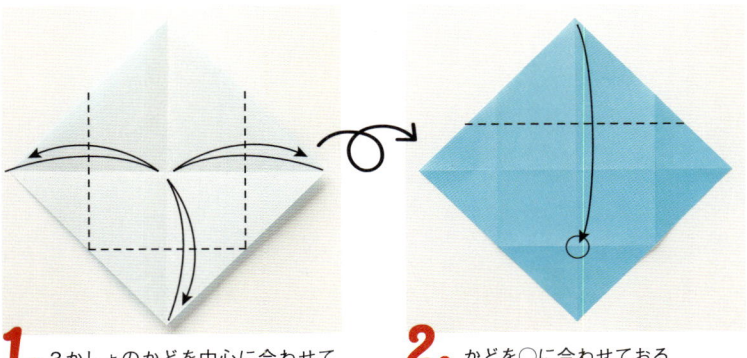

1. 3かしょのかどを中心に合わせておりすじをつけてからうらがえす

2. かどを○に合わせておる

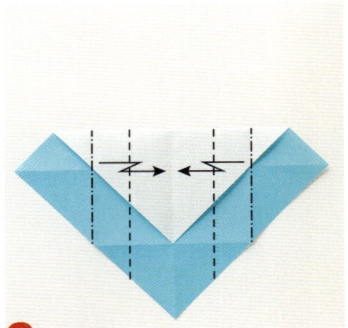

3. まん中によせるようにして左右をだんおりする

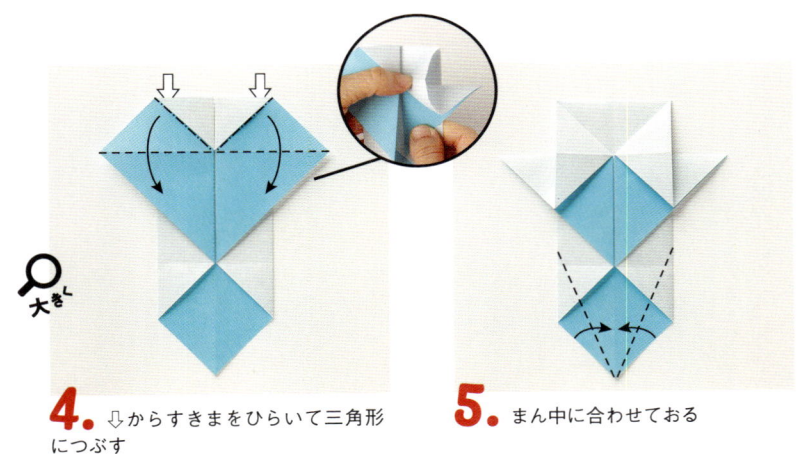

大きく

4. ⇩からすきまをひらいて三角形につぶす

5. まん中に合わせておる

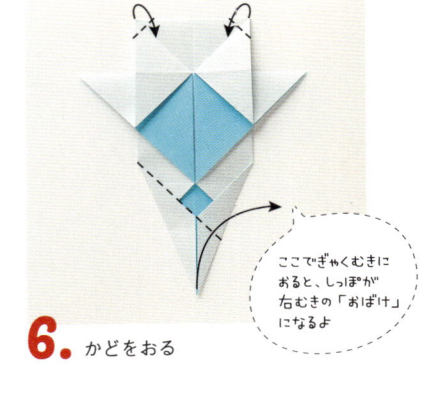

6. かどをおる

ここでぎゃくむきにおると、しっぽが右むきの「おばけ」になるよ

7. うらがえす

8. かどをおる

できあがり

顔をかく

121

くま
▶p.113

白くまをつくるときには、白いめんからおります

{ 体 } たて半分におりすじをつけてからはじめる

・紙のひりつ

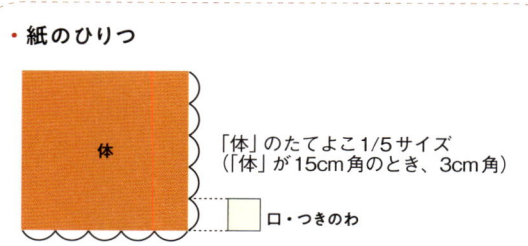

体

「体」のたてよこ 1/5 サイズ
（「体」が15cm角のとき、3cm角）

口・つきのわ

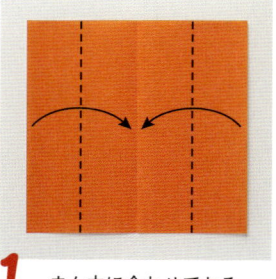

1. まん中に合わせておる

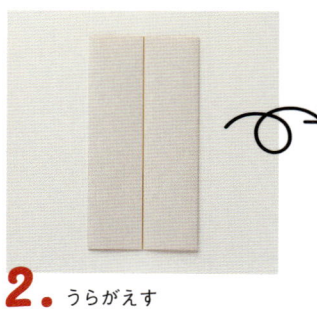

2. うらがえす

3. まん中に合わせておりながら下の紙を出す

4. うらがえす

5. 半分におっておりすじをつける

6. まん中に合わせておりすじをつける

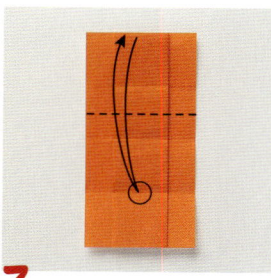

7. 紙のはしを○に合わせておりすじをつける

8. うらがえす

9. ○の山おり線をつまんで●のおりすじに合わせてだんおりする

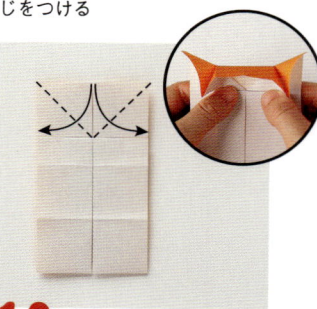

10. 点線でおって、下の紙をつぶすようにおる

11. まん中に合わせておる

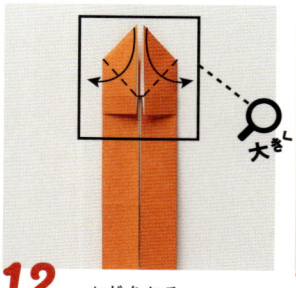

12. かどをおる。
13〜19 はかく大図

13. ⬆からふくろをひらいて四角につぶす

14. おりすじに合わせておりすじをつける（123ページ上へつづく）

次ページ

15. ↑からふくろをひらいてつぶす

16. 点線でおる

17. おりすじよりすこし上でかどをおる

18. 点線でかどをおりかえす

19. かどを少しおる

20. ⇨⇦からすきまをひらいて左右に広げるようにしておる

21. 紙のはしをおりすじに合わせておる

22. かどをおる

大きく

23. かどを少しおってうらがえす

できあがり

「口」「つきのわ」をはって顔をかく

白くまさんも!

{ 口 } 「丸の形」(11ページ)の **2** の形までおってからはじめる

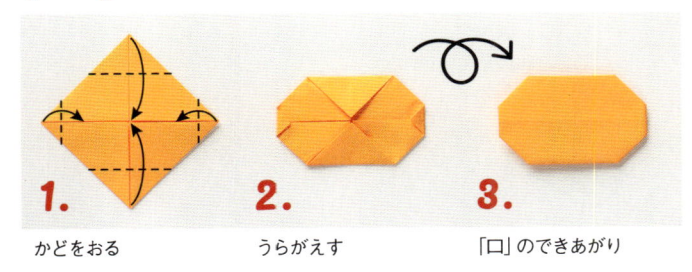

1. かどをおる

2. うらがえす

3. 「口」のできあがり

{ つきのわ } 「たこの基本形」(10ページ)からはじめる

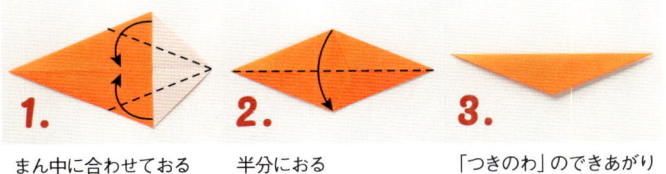

1. まん中に合わせておる

2. 半分におる

3. 「つきのわ」のできあがり

「11月のリース」
(113ページ)サイズ表

・六角リース (p.126) ‥‥‥ 15cm×15cm
・レインコートちゃん (p.110)
‥‥‥ 7.5cm×7.5cm
・くま ‥‥‥‥‥‥‥‥ 15cm×15cm
・もみの木・大 (p.124) ‥‥ 5cm×5cm
　　　　小 ‥‥‥‥‥‥ 4cm×4cm

「レインコートちゃん」を赤い紙でおって「赤ずきんちゃん」に!

もみの木

▶p.113

クリスマスに
かかせないかわいい
アイテム

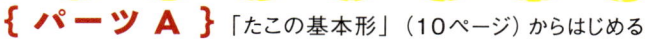

{ パーツ A }　「たこの基本形」（10ページ）からはじめる

・紙のひりつ

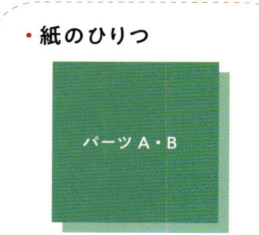

パーツ A・B

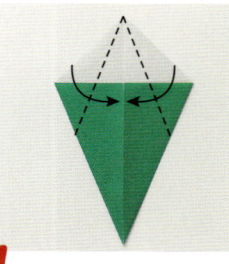

1. まん中に合わせておる

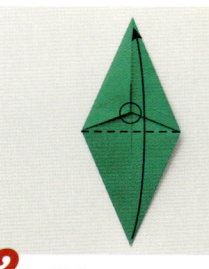

2. 半分におる

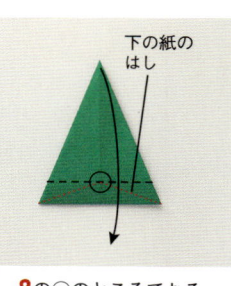

下の紙の
はし

3. 2の○のところでおる

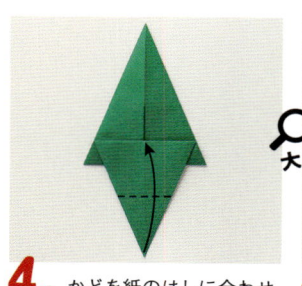

4. かどを紙のはしに合わせ
ておる

5. ↗↘からふくろをひら
いて三角形につぶす

6. うらがえす

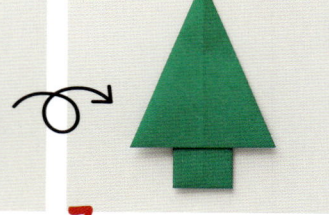

7. 「パーツA」のできあがり

{ パーツ B }　「たこの基本形」（10ページ）からはじめる

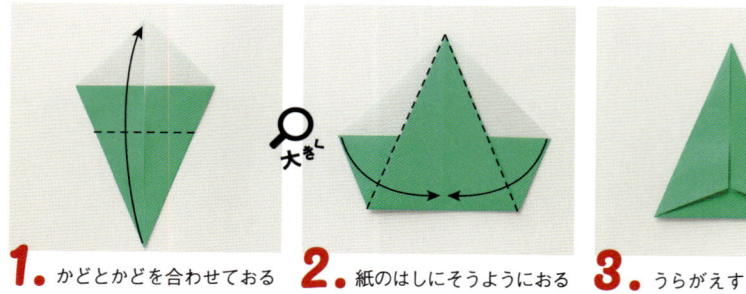

1. かどとかどを合わせておる

2. 紙のはしにそうようにおる

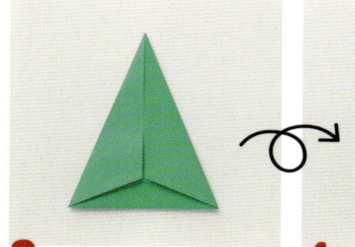

3. うらがえす

4. 「パーツB」のできあがり

{ 組み立て方 }

1. 「パーツA」と「パーツB」
をうらがえし、「A」を「B」
にさしこんでのりづけする
2. うらがえす

1.

2.

できあがり

ふきだし

▶p.113

どんなメッセージを
かこうかな!?

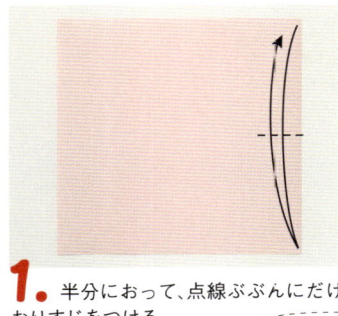

1. 半分におって、点線ぶぶんにだけ
おりすじをつける

2. おりすじに合わせておる

3. 半分におって、点線ぶ
ぶんにだけおりすじをつける

ここから左がわをおると
ぎゃくむきになります

4. おりすじに合わせておる

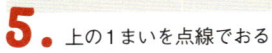

5. 上の1まいを点線でおる

6. 内がわの紙を引き出してかどを
右に出す

7. かどを○に合わせておる

8. かどをおる

9. うらがえす

できあがり

「12月のリース」（113ページ）サイズ表

- シンプルリース (p.127) ……… 15cm×15cm
- サンタクロース (p.94) ……… 15cm×15cm
- しろくま (p.122) ……… 15cm×15cm
- トナカイ （p.96） ……… 15cm×15cm
- ポインセチア(p.97) ……… 7.5cm×7.5cm
- ふきだし ……… 7.5cm×7.5cm
- はさみ1回リボン(p.90)……… 15cm×15cm
- 3Dスター(p.64) ……… 1.5cm×15cm

六角リース

▶p.100-p.101, p.112-p.113

シャープなイメージ
のリースです

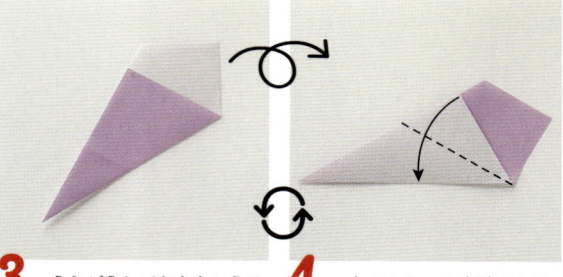

{ パーツ }　たて半分におりすじをつけてからはじめる

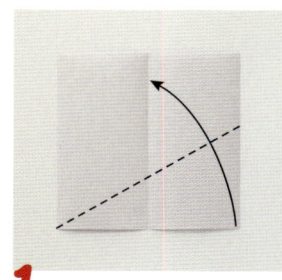

1. かどをおりすじに合わせ
ておる

2. 紙のはしにそうように点
線で後ろへおる

3. うらがえしてむきをかえる

4. 上の1まいを点線でおる

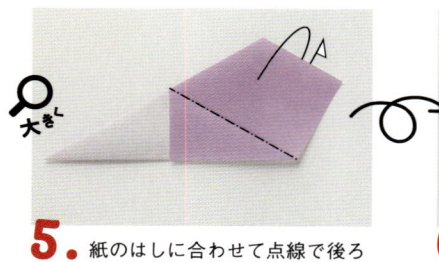

大きく

5. 紙のはしに合わせて点線で後ろ
へおっておりすじをつけ、うらがえす

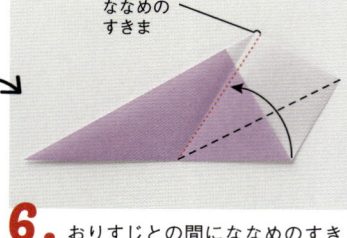

ななめの
すきま

6. おりすじとの間にななめのすき
まをあけておる

7. 「パーツ」のできあがり。同じも
のを6まいつくる

{ 組み立て方 }

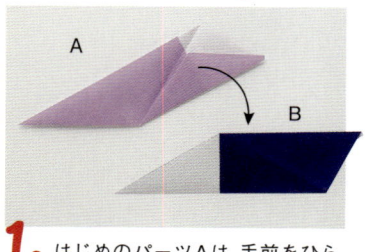

A

B

1. はじめのパーツAは、手前をひら
いておき、そのほかの5つはうらがえし
ておく

B

A

2. Aの上にBをのせる

3. ついているおりすじでおる

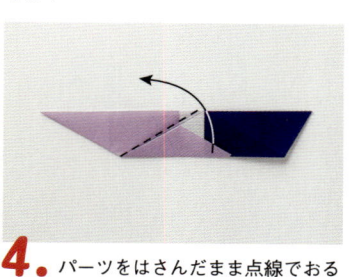

4. パーツをはさんだまま点線でおる

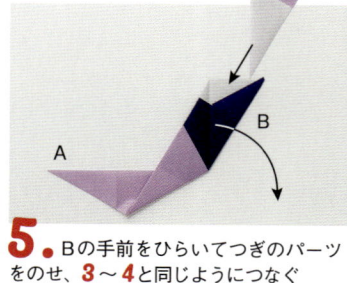

A

B

5. Bの手前をひらいてつぎのパーツ
をのせ、**3～4**と同じようにつなぐ

できあがり

うらに
すきな紙を
はります

シンプルリース

▶p.100-p.101, p.112-p.113

つかいやすい
シンプルなリース
です

{ パーツ } たて半分におりすじをつけてからはじめる

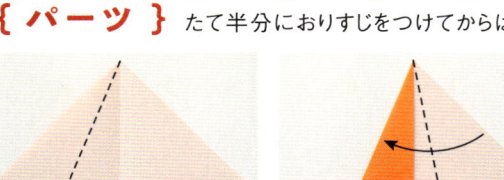

1. まん中に合わせておる

2. 紙のはしと紙のはしを合わせておる

3. 紙のはしをまん中のおりすじに合わせておる

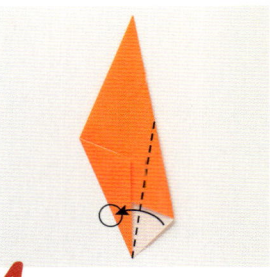

4. 紙のはしと紙のはしを合わせておる

5. 紙のはしを○に合わせておる

6. 下の紙のはしをつつむように後ろへおっておりすじをつける

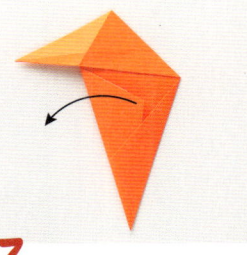

7. 左の1まいだけひらく

8. かどを後ろへおって内がわへさしこむ

9. ついているおりすじでおる

10. うらがえす

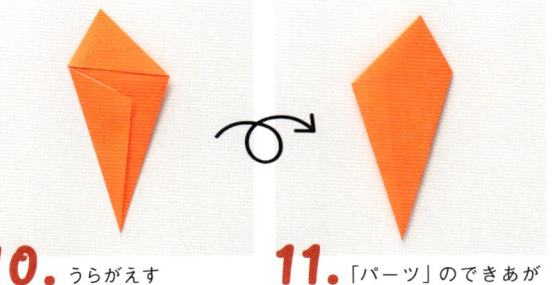

11. 「パーツ」のできあがり。同じものを8まいつくる

うらにすきな紙を
はります

{ 組み立て方 }

1. パーツをすきまにさしこむ

2. 同じようにのこりの6つもつなぐ

できあがり

127

著者

カミィ（Kamikey）

札幌在住のおりがみ作家。オリジナル作品のうち、動画にしているものは200点ほど。「ねこのしおり」（ユーチューブ動画再生回数41万回）をはじめ、「2色クローバー」（同54万回）など再生回数を伸ばし、チャンネル登録者数は5万人を超える。もとはあみぐるみなどのニット小物のハンドメイド作家として活動していたが、育児をきっかけにおりがみ創作にハマる。元ハンドメイド作家としてのセンスを生かしたおりがみ飾りの世界観づくりと、当初は「折り鶴」しか折ったことがなかったという経歴から初心者にもわかりやすい動画で人気に。インスタグラムなどのSNSや雑誌で創作折り紙を発信中。

Staff

デザイン	石松あや（しまりすデザインセンター）
DTP	ニシ工芸株式会社
撮影	鈴木江実子（作品写真）、天野憲仁（日本文芸社、手順写真）
スタイリング	ダンノマリコ
撮影協力	AWABEES（03-5786-1600）、UTUWA（03-6447-0070）
編集協力	上野洋子

本書に掲載された折り図について、そのままままたは再作成・再録した図・動画のインターネット上への公開、また複製した作品の店頭やネットショップなどでの販売等の営利目的での利用を禁止します。

カミィの季節のおりがみ

2018年12月30日　第1刷発行
2019年12月20日　第13刷発行

著　者	カミィ
発行者	吉田芳史
印刷所	図書印刷株式会社
製本所	図書印刷株式会社
発行所	株式会社日本文芸社
	〒135-0001　東京都江東区毛利2-10-18　OCMビル
	電話 03-5638-1660（代表）

Printed in Japan
112181207-112191209Ⓝ13　（121006）
ISBN978-4-537-21641-7
URL　https://www.nihonbungeisha.co.jp/
ⒸKamikey 2018

（編集担当　前川）